植木理恵のすぐに使える行動心理学

監修／臨床心理士
植木理恵

はじめに

他人の心が簡単に読めたなら、とても便利なことでしょう。

恋の悩みもなくなるし、ビジネスの交渉も思いのまま。いわゆる「駆け引き」に頭を悩ませる生活とは無縁でいられることでしょう。

もちろん、言葉やしぐさ、行動から他人の心が簡単に読めるなんてことはありえません。それでも少しだけ、他人の心を読み解く手助けをしてくれるツール。それが「行動心理学」です。

その行動心理学によって、「相手がどういう人なのか」、そして「相手に自分がどう思われているのか」を本書はつまびらかにしています。もちろん、すべてのトピックは根拠となるデータに基づいて導かれたものです。実験や観察、測定、統計といった科学的根拠を重視して初めて、他人の心を窺い知ることができるのです。

根拠のない「偏見」は紹介しない。それが、本書のスタンスです。

もちろん、例外もあるでしょう。本書で紹介しているトピックは絶対ではありません。けれど現実の世界において、「その可能性が高い」言葉や行動、しぐさを知るだけでも、大きなアドバンテージになることは言うまでもありません。

本書が、あなたのコミュニケーションを円滑にし、人生を豊かにする一助となれば幸いです。

CONTENTS

植木理恵のすぐに使える行動心理学

CHAPTER2 相手の心理を見抜く

CONTENTS

CONTENTS

CONTENTS

Column

【お悩み相談室】

【「言葉」で読み解く、人間心理】

行動心理学とは、人を読み解く〝仮説〟です。

Interview
植木理恵
Ueki Rie

行動心理学は、
個人の事情を考慮しない
非常に〝クール〟な学問。
だからこそ誰でも
利用することができる。

行動心理学は〝科学的〟な心理学

みなさんは、「行動心理学」というものをご存じでしょうか?

一般的に、「心理学の父」と呼ばれているのは、有名なジークムント・フロイトです。また、同じ時期に活躍したカール・ユングも心理学の祖として有名です。けれど彼らが研究したものは、「自我」や「無意識」など、基本的に目に見えないものです。目に見えないこと、観測できないことを研究するのは、厳密には科学ではありません。

これに対して行動心理学を含む近代の心理学研究は、仮説と実験、その検証に基づいて理論を組み立てていく科学的なものです。何百人、何千人規模のアンケートを行ったり、実験室で被験者の正確な行動パターンを調べたりといった具合です。そうして得た人間の心理的傾向や特徴を、比較したり数値化したりしたんです。つまり、誰の目にもわかるようにしたわけです。

こうして心理学の分野でも科学的なエビデンス（根拠）が重んじられるようになり、行動心理学が確立されました。行動心理学は、先に述べたような多数の人を対象としたアンケートや実験などから、人間一般に対する心理的傾向・特徴を解明しようとする心理学です。

もちろん、個人差を重視する心理学もあります。行動心理学に並ぶ近代心理学のもうひとつの主流、認知心理学では、個人が持っている過去のトラウマや文化的背景、人種による違い、当人が置かれている状況や感情なども含めて、その人の心理を解明しようとします。

さまざまな仮説を当てはめて検証する

けれど、行動心理学の研究対象は、あくまで人間全体に共通するような普遍的な心理です。その意味で行動心理学は非常に〝クールな〟学問とも言えます。個人個人の事情を考慮しないわけですから、冷淡な印象さえあるかもしれません。では、行動心理学を応用すれば、本当に人の心理傾向を読み解けるものなのでしょうか？

「左右非対称の表情をしている人は、ウソをついている」、「洋梨体型の人は依存的性格で、逆三角体型の人は支配的性格の傾向が強い」などですね。このような「○○な人は××」タイプの様々な公式は、多人数のサンプル実験をもとにして得られたものです。したがって、ひとりや2人くらいの少人数が相手だと、行動心理学ではカバーしきれない個人差—文化的背景や過去の経験など—による誤差の方が目立ってしまうでしょう。その代わり就職の面接試験や飲食店の接客など、何十人、何百人もの人を相手にする仕事では大いに役立つはずです。サンプル人数が多くなれば多くなるほど、「○○な人は××」といった様々な公式が当てはまることも増えるはずです。

行動心理学は大人数の心理を読み解こうとする際に効果を発揮するのですが、読み解きたい相手がひとりしかいない場合でも、〝仮説〟として使えばいいのです。

たとえば初対面のAさんが、口にペンをくわえていたとしましょう。本当は、ただ両手がふさがっていたから口にくわえただけかもしれませんが、「ペンを噛むくせがある人は悲観主義者」という公式を当てはめ、まずは「Aさんは悲観的なタイプ」と仮定してみるんです。

その後、Aさんの言動を詳しく観察してみて、実際に悲観的であればその仮説は正しかったということになりますし、必ずしも悲観的とはいえないのであれば、また別の公式から仮説を立ててみればいいんです。

重要なのは、観察の軸を設定することです。自分の中でひとつの仮説を設けて観察すれば、その手間も省けます。行動心理学は、その仮説を豊富に用意してくれているんですよ。

「アメとムチの法則」で彼氏がマメな男になる!?

では、行動心理学を使って、他者の心理や行動を操ることもできるのでしょうか？

行動心理学の理念に基づけば、答えはイ

エスですね。行動心理学の基本的な考え方に、SR理論というものがあります。Sは刺激（stimulus）、Rは反応（response）のことで、「人間とは、Aの刺激を与えたら、Bの反応が返ってくるものだ」という枠組みで人々をとらえるんです。

逆に考えれば、Bの反応を得るためにはAの刺激を与えればいいということになります。いくつか公式を挙げてみると、「相手を説得したいときは、食事中に話しかければいい」、「相手からの好感度を高めたければ、相手に似せた外見をよそおう」、「本音を引き出したければ、『ということは？』と切り出す」……などがありますね。

「これこれの刺激を与えれば、絶対にこの反応が返ってくる」とは言い切れません。ただし、うまく使えばかなり他人を操れると思います。

中でも「アメとムチの法則」が顕著ですね。よく「彼からメールや電話がこないのが気になってしまう」という女性がいますが、彼女たちは特に何でもないときに自分から電話やメールをして、彼氏を気にかけているんです。彼氏側にしてみれば、何もせずともかまってもらえるわけですから、自分から連絡を取ろうとはしません。それに、たまに自分から連絡を入れると「どうして電話してくれないの！」と怒られるわけですから、ますます自分から連絡することはなくなります。

マメに連絡をくれる彼氏になってほしいのであれば、用事がないときにはこちらから電話をしないこと、そして彼氏から電話があったら大げさなくらいに喜んであげることが大事です。アメをあげるタイミング

他者を読み解く
足掛かりとして、
他者のコントロールから
身を守る手段として、
行動心理学を
活用してください。

を見極めるだけで、かなり相手をコントロールできます。

また、一度「アメとムチ」にならしたうえで、そのパターンを崩すと、相手は「アメ」を取り戻そうとすることがわかっています。これは「間欠強化」と呼ばれるもので、新興宗教などでよく見られる手口でもあります。信者からのお布施に対して、最初のうちは、教団側は大げさに喜んでくれます。しかし、あるときからお布施をしてもお褒めの言葉がもらえなくなったり、逆に厳しい叱責を受けたりします。すると、信者は「アメ」を取り戻そうとしてさらにお布施をするようになるんです。

けれど、心理操作のテクニックを知っていれば、このような事態は防げるかもしれません。知っているか知らないかは大きな違いですから。

道具のような便利さが行動心理学を学ぶメリット

「植木先生ご自身も、心理操作のテクニックを使ったりしますか？」というご質問をよくいただきますが、私はよく使用しすぎて、逆に「何でもかんでも心理学に結びつけるな！」と怒られてしまうほどです（笑）。ただ心理カウンセリングの仕事で、スティンザー効果はよく使っています。これは2者の座り位置によって意見の説得力が変化するというものです。真正面に座る相手とは敵対しやすいのですが、横並びで座る相手とは同調しやすい傾向があります。

カウンセリングの際は、患者さんと敵対してもいけませんし、話に同調しすぎても解決策が出ないまま診断が終わってしまいます。ですから、相手に対して90度の角度―ちょうど黒柳徹子さんの『徹子の部屋』の位置関係を心がけていますね。逆に、キャッチセールスなどのしつこい勧誘を断る際は、相手と真正面で向き合うとハッキリ断りやすくなれるんですよ。

これは合コンや会議など、日常生活でも使えそうなテクニックです。先に述べたように、行動心理学は人間全般を扱う〝クールな〟学問です。けれどその分、誰にでも扱える道具のような便利さもあります。すでに多くの研究者が様々な理論や公式を準備してくれていますから、他者を読み解く足掛かりとして、あるいは他者のコントロールから身を守る手段として活用してみてください。

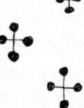

植木理恵の
すぐに使える
行動心理学

CHAPTER 1
相手の心理を
読み解く

ウソをついている人は手と足を見ればわかる！

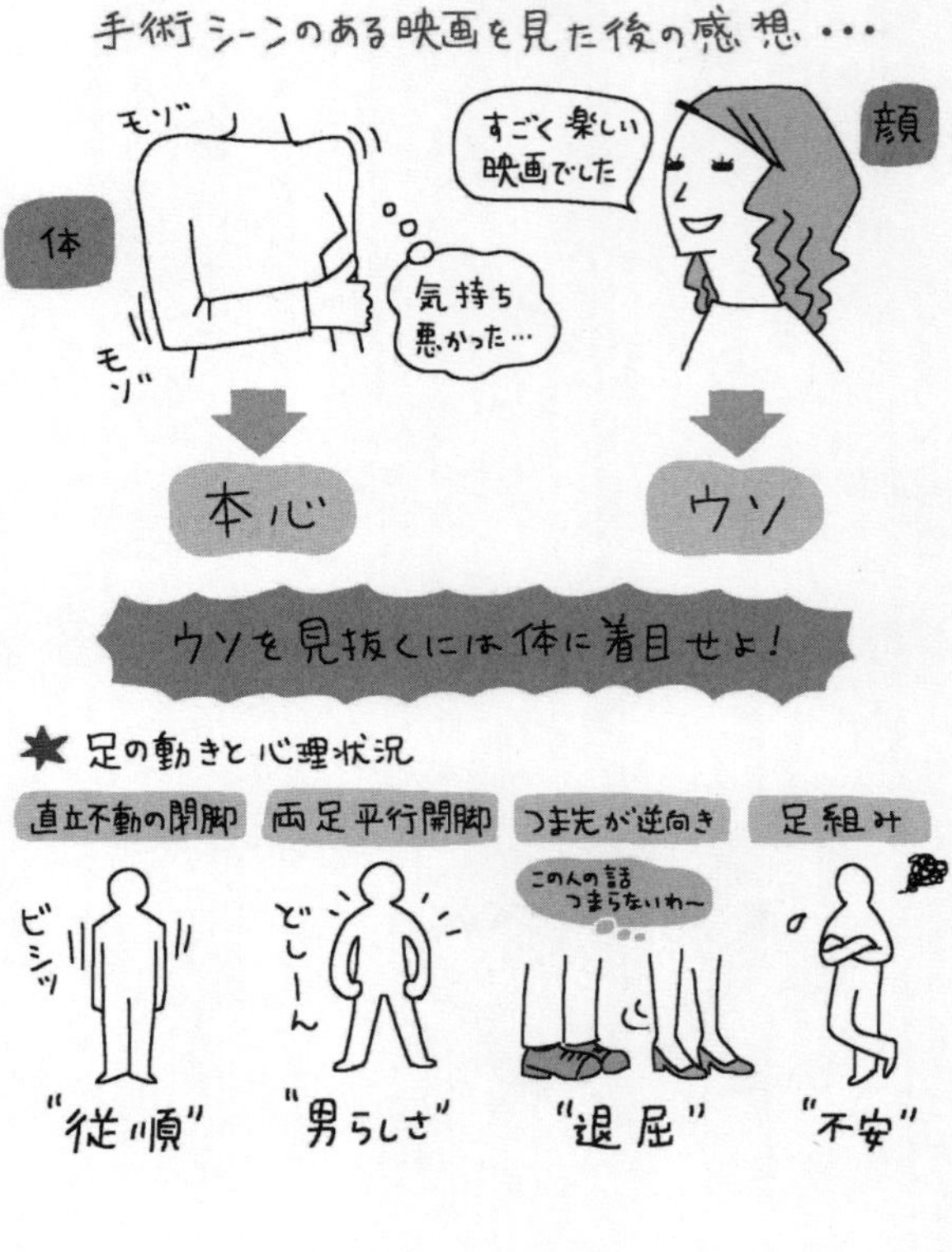
手術シーンのある映画を見た後の感想…
モゾ
モゾ
体
気持ち
悪かった…
すごく楽しい
映画でした
顔
本心
ウソ
ウソを見抜くには体に着目せよ！
足の動きと心理状況
直立不動の開脚
両足平行開脚
つま先が逆向き
足組み
ビシッ
どしーん
この人の話
つまらないわ〜
“従順”
“男らしさ”
“退屈”
“不安”

体は口ほどにものを言う!? ウソを見抜くなら体に注目!

普段の人付き合いの中で相手の本心、つまり会話内容にウソがないかどうかは、やはり気になってしまうものです。ウソを見抜く手っ取り早い方法は、会話の事実関係が正しいかどうかを確認することです。しかし言葉というものは、表面上はいくらでも取り繕えるものですから、いちいち内容を確認して、矛盾点などを指摘していられません。

そこで注目したいのが、相手の体の動きです。身振り手振りや視線の動き、顔の表情など言葉そのもの以外の要素によるコミュニケーションを、**非言語コミュニケーション**（①）と称します。

非言語コミュニケーションは、当人の本心が表れやすいといいます。このことを証明したのは、心理学者の**エクマン**（②）でした。彼は実験で、看護学生に楽しい映画と、手術を記録した医療用映画を見せて感想をインタビューしました。この時、手術の映画については「楽しかった」とウソの感想を述べさせ、その顔と体の動きとを別々の映像に記録しました。

その後、ほかの人々にインタビュー映像を見せたところ、体の動きを映した映像を見た人の方が、学生たちのウソの感想を見抜いた

---

①非言語コミュニケーション
身振りや顔の表情、姿勢といった言葉によらない意思伝達手段のこと。服装や髪形などもこれに含まれる。普段意識されることは少ないが、ほとんどの人は非言語コミュニケーションを会話中に取り入れており、またそれを読み取っている。

②エクマン
ポール・エクマン（1934年〜）。エックマンとも。アメリカの心理学者であり、表情と感情についての研究で有名。人間が持つ表情が、それぞれの文化に依存するものではなく、人類全体に共通した普遍的なものであ

のです。この結果から、ウソを見抜くには身体動作に注目するとよいということがわかりました。人はウソをつくとき、表情のコントロールばかりに意識を集中し、体への注意がおろそかになるのです。

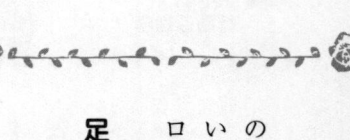

足を見ればその人の心理状態がわかる！

身体動作の中でも、とくに足の動きに注目するとよいでしょう。足は、その時々の心理状態が表れやすいという研究報告があります。たとえば、足組みをしていると、その人は不安を抱いていることが多いといいます。

また、つま先の方向は好意や関心を示します。つまり、相手のつま先が逆を向いていると、その人は退屈している、またはこちらに関心がないことを表しています。さらに、両足を広げてどーんと踏ん張っている姿勢だと〝男らしさ〟を誇示し、逆に直立不動で足を閉じている場合は〝従順さ〟を示すといわれます。

ウソの話に戻りますが、もちろん体だけでなく表情にも注目すれば、より相手のウソを見抜きやすくなります。心理学者のハッカイムは6つの**基本感情**（③）を演じた写真を左右に切り分けて反転・合成し、右側（向かって左側）だけの顔写真、左側だけの顔写真を作り

ることを証明した。アメリカのクリントン大統領が自身のスキャンダルについて会見した際、彼が回りくどい言い方をしたことから、ウソをついているのではないかと指摘したこともある。アメリカ心理学会が選出した「20世紀の偉大な心理学者」のひとりであり、２００９年にはタイム誌が選ぶ「世界でもっとも影響力のある１００人」にも選ばれている。

③基本感情
表情と感情の研究を通じてエクマンが分類した人間の基本的な6つの感情。幸福、悲しみ、怒り、驚き、嫌悪、恐怖がある。

ました。これを人々に見せたところ、左側の顔写真の方が、感情が強く表れていると多数の人が指摘しました。

　この表情は故意に演じられたものですから、作った表情は顔の左側に出やすいということになります。女性にプレゼントをあげて、「ありがとう！」と応じられても、顔の右側だけ笑顔の表情が強いのであれば、本心ではあまり喜んでいない可能性があるわけです。そうではなく、顔全体が自然な左右対称の笑顔になっていれば、心から喜んでいると考えていいでしょう。

　ここまでは体の動きや表情などからウソを読み取る方法を述べてきましたが、もっと意外なところからもウソを読み取ることができます。それはズバリ、**筆跡**（④）です。イスラエルのハイファ大学の研究チームは、34人の被験者たちに2つの質問をして、電子ペンで回答してもらいました。そして1問目には真実を、2問目にはウソを記入してもらったところ、ウソを書いてもらった際には筆圧が高くなり、文字と文字の間隔がより大きくなることがわかったのです。実用的なウソ判別方法ではないかもしれませんが、重要事項については、ノートとペンで文字に書き起こしてもらうといいかもしれませんね。

---

④筆跡
筆やペンなどで書かれた文字の跡のこと。字の形や書き順、止め・はねのくせなど、性格と同様に筆跡にも個性が表れる。そのため、筆跡の同一性を調べることで、ある文書が本人によって書かれたものかどうかを判別することができる。

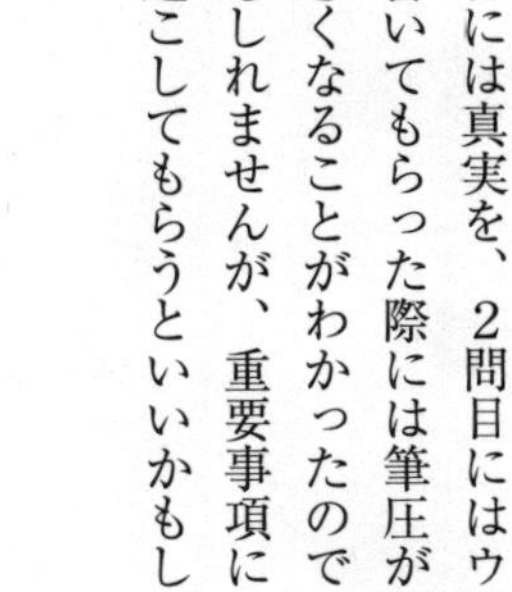

女性のぶっちゃけトークは「触ってもOK」のサイン!?

本音を話すかどうかで脈のあり・なしがわかる！

好みの女性と2人きりで食事中。お酒も進み、何となくいい雰囲気。「ひょっとして、今日はいけるかも？」なんて思って肩を抱こうしたら、つれなくかわされて、残ったのはディナーの請求書だけ……。

こんな経験をした人は多いのではないでしょうか。かといって手を出さないでいると、「草食系男子」のレッテルを貼られ、何の進展もないまま関係が終わることも少なくありません。

そんな世の男性たちの助けになりそうな実験結果を、ジェラードという心理学者が報告しています。彼は、フロリダ大学に通う18～22歳の学生380人を対象にアンケートを行い、両親、親しい同性の友人、親しい異性の友人のそれぞれが、対象者の体にどのくらい接触しているか調査を行いました。

その結果、女性の被験者の**自己開示**（①）量（＝自分の意見をありのままに話す量）が多ければ多いほど、異性の友人に多く触られている傾向があることがわかったのです。

つまり、女性が男性との会話で、「私って本当は……」と心のうちを話すとき、その女性は話し相手の男性に対し、多かれ少なかれ「体に触られてもいい」と考えている、ということになります。

---

①自己開示
自分の意見、態度、関心ごと、趣味など、自分自身に対する情報を他人に言葉で伝える行為のこと。本文中のジェラードにより、初めて体系的な研究が行われた。自己開示は、ストレス発散など の感情の表出、自分の意見や感情がはっきりする自己明確化、他者からの返答を取り入れることで自分自身を安定させる社会妥当化など様々な機能を持っており、個人の精神的な機能を維持する条件のひとつだとされている。一般的に、男性よりも女性の方が、自己開示の量は多い。

もし、あなたに気になる女性がいるとします。彼女の態度がどっちつかずの場合、「上司の○○さん、正直どう思う?」など、本音を聞き出すような話題をさりげなく出すのもひとつの手かもしれません。

「う〜ん、どうなんだろう」とお茶を濁したり、「悪い人ではないと思う」と当たり障りのない返事をするようであれば、脈なし。逆に「ぶっちゃけ、私もあの人苦手なんですよ」などと、率直に本音を打ち明けてきたら、脈ありと見てもいいということになります。

しかし、ここで疑問がひとつ。この実験はアメリカの学生を対象に行われたもの。欧米人と比べてシャイだといわれる日本人にも、果たしてその結果は当てはまるのでしょうか。

軽いタッチがOKならその先もOK?

日本とアメリカの学生計240人を対象に、ジェラードの実験とほぼ同じようなアンケート調査を行った学者バーンランドは、日本人の接触行動が、アメリカ人の約半分と少ないことを発表しました。

しかし、幼少期の接触頻度には日米の差が見られないことから、バーンランドは、「日本人の成長過程において、共感性や親密さを

---

②身体接触
心理学では、自分の存在を相手に伝える、もっとも原初的な伝達方法とされている。特に、母親が乳児に対して行う身体接触は、乳児にとっては世界を認識する重要な第一歩である。また、成長後も身体接触は人間関係の中で大きな役割を果たしており、日常生活の中でもしばしば見ることができる。一般的に、男性が女性に対して行うことの方が多く、また、若者よりも老人の方が、すすんで相手に接触することが多い。

③本音と建前
日本人の国民性を端的に表した言葉。社会全体の〝和〟を重視する

表す非言語的なコミュニケーションは簡略化される要因があるのではないか」と述べています。アメリカでは、コミュニケーションの手段として**身体接触**（②）が頻繁に使われるのに対し、日本人はどちらかといえば、言葉でのコミュニケーションのみが発達する……というわけです。

　こうした違いを生んだ背景には、日本人の国民性が大きくかかわっています。日本人は、**本音と建前**（③）を使い分け、自分の内面は見せない傾向にあります。しかし手を握る、肩を抱くといった体に触れる行為は、言葉と違って意味を曖昧にすることができません。そのため、日本では非言語的な伝達手段は発達しにくかったのではないか、と考えられています。

　逆に言えば、日本人にとって身体接触によるコミュニケーションは、使われる頻度が少ない分、欧米よりも強烈なメッセージ性を持っているとも考えられます。特に男女関係の場合、身体接触がＯＫ＝その先――キスやセックスもＯＫということも十分に考えられるかもしれません。

　もちろん、これらの実験結果はあくまで、「触っても大丈夫かも」という目安。しかし、恋愛スキルのひとつとして、心に留めておくのも悪くないはずですよ。

日本では、ひとりの社員としては取引に賛成しておきながら、会社の代表としては取引に反対する、といった事例がよくある。こういった「個人が望んでいる欲求や本心」と、「社会・集団から期待される態度や行動」を使い分けることを指して、「本音と建前」と表現する。

朝型＝うっかり型？朝型人間はミスが多い

満ち溢れるパワーに任せ猛進する朝型タイプ

人間は大きく**朝型と夜型**（①）に分けることができます。朝の早いうちから目を覚まし、昼前には大かたの仕事を片付けてしまう朝型に対し、目を覚ましてもしばらくは頭がボーッとしたままで、夕暮れ近くになりようやく活動を活発化させ始める夜型。

どちらも自分に合った時間帯を選んでいるだけで、本来両者に優劣はありません。

ただし何となく、朝からキリッとスマートな朝型人間の方が、仕事もできてしっかりしている印象が一般的にはあるようです。しかしそれはむしろ、まったくの誤解。

イタリアの心理学者ルチアノ・メカッチィ博士が、興味深い研究結果を発表しています。彼は390人の被験者を対象に、うっかり屋の特徴を調べました。

すると、物を置いた場所や約束を忘れてしまうようなうっかりミスをするのは、朝型生活を送っている人に多いことがわかったのです。

朝型の人がうっかりミスをよくしてしまうのには、理由

があります。彼らは朝早くからバリバリと活動を始めるほど、エネルギッシュな存在であり、細かい物事に目が行かなくなってしまうのです。

うっかりミスもバイタリティの表れだとすれば、一概に悪いこととはいえないかもしれません。

①朝型と夜型

朝型と夜型は、夜勤のバイトなど、生活習慣の違いによって分類されることもあるが、脳内物質であるセロトニンの分泌量が両者を分けているともいわれ、先天的な特徴ともいえる。人間の体には体内時計が備わっており、どちらかというと、夜明けとともに活動を始める朝型の方が、自然な形といえる。ただし夜型の場合は、不規則な睡眠時間に対する適応能力が高いともいえ、海外に渡った際の時差ぼけは、朝型の方が苦しめられるという。

立って物事を考える人は決断力・行動力がある!?

ボーっと立っている人ほど頭の中はフル回転！

職場を見渡してみると、一日中パソコンと向かい合っている人がいるかと思えば、何かと理由をつけては席を立ち、窓から外を見ながらボーッとタバコをふかしている人もいます。しかし、ボーッと立っている人を「不真面目だ！」と決めつけるのは早計。立ったまま考える人の方が、決断力に優れているという実験結果があるからです。

この実験を行ったのは、ミズーリ大学のプルードン博士です。彼は、被験者の大学生たちに、一方は立ったまま、もう一方は座ったままの状態で、**意思決定（①）**をさせました。そして両者が決断までにかかる時間を測定・比較したところ、立ったまま考えた人の方が、座って考えた人より実に33パーセントも速く決断を行っている、ということが明らかになったのです。

つまり、立ったままボーッとしている社員は、一見サボっているように見えますが、その実、頭の中をフル回転させて、次に何をするべきか考えている（かもしれない）ということ。さらに、立った状態で考えごとをする人は、思い立ったことを行動に移すのも速い傾向にあるため、結果として、机に座って考えている人よりもはる

---

①意思決定
様々な欲求や他者との競合が混在する中で、人があるひとつの意思を選び取ることを、意思決定と呼ぶ。意思とは、人間がある動機に基づいて何らかの目的を持ち、実際に行動を行うまでのプロセスのこと。この意思決定の仕組みを明らかにするための主な手法として、人々が合理的な判断を行うと仮定し、数式やグラフを用いて意思決定の仕組みを明らかにしようと試みる方法「規範的アプローチ」と、実験やアンケートなど、実際に意思決定を行っている人からデータを集め、その結果から意思決定の法則を探る方法「記述的アプ

かに短い時間で、同じ量の仕事を終わらせてしまうのです。

また、南カリフォルニア大学のバーカイン教授も、考えごとをする際は座っているより立った方がよい、という意見を述べています。立ち上がることで体の血行がよくなり、**大脳（②）**が活性化するからです。実験によれば、立った状態の被験者は、座った状態の被験者と比べて、5～20パーセント意思決定が速くなるという結果が見られました。立った状態の方が座っている状態よりも決断が速い、ということは脳科学の観点から見ても確かなようです。一方で、机にずっと向かって作業をしている社員は、ひとつのことを考える熟慮タイプ。丁寧に物事を考えるため、仕事をこなすスピードはどうしても遅くなりがちです。

熟慮が必要な仕事は〝座って仕事〟派に任せる

さて、もしあなたが何人かの部下を持つ上司ならば、以上の内容は、業務効率アップの参考になるはずです。今まで、「彼は真面目だし、ヒマそうだから」と、机に座って作業をしている人に急ぎの仕事を任せたりはしていませんでしたか？　前述の通り、机に向かって仕事をするタイプは、決定までに時間のかかる熟慮型。真面目

ローチ」の2つが挙げられる。前者は主に経済学の分野で扱われることが多く、後者は主に心理学の分野で扱われることが多い。

②大脳
人間の脳の大部分を占める器官で、動物に比べて特に発達している。一般的な人が脳と聞いて思い描くイメージは、この大脳である。主に大脳皮質、白質、大脳基底核から構成されている。このうち大脳皮質は、読んで字のごとく大脳の表面を覆っている厚さ数ミリほどの膜であるが、その機能は知覚や複雑な運動と思考、記憶などにかかわり、まさに人間を人間たらしめている重要

で仕事はちゃんとこなしますが、素早い決断をするには不向きです。彼らにはなるべくスピードが要求される仕事は頼まず、正確さが求められる仕事や、熟慮を重ねて慎重に判断をしなければならないような仕事を頼むようにした方がいいでしょう。

逆に、納期が迫っていたり、スピーディな決断が求められたりする仕事を任せるなら、席を立って考えごとをしている社員に頼んでみましょう。持ち前の決断の速さと行動力で、想像以上のよい結果を出してくれるかもしれません。

立って考える人、座って考える人……仕事に対するスタンスは、人によってそれぞれです。「アイツはいつもどこかをフラフラして、不真面目なやつだ！」「アイツは机にばかりかじり付いているくせに、仕事が遅すぎる！」と、部下に対して嘆くのではなく、それぞれの特徴をうまく活かして、仕事の割り振りをするように心がけてみましょう。そうすれば、あなた自身が「デキる上司」として認められるようになる日もきっと近いはず。

ところであなたは、立って考える派でしょうか、それとも座って考える派でしょうか。もし自分の決断力が弱くて悩んでいるのなら……。たまには、部下と一緒にタバコをふかしてみるのもよいかもしれません。

な器官である。また、大脳には微細な毛細血管が縦横に走っており、血液を介して活動に必要なエネルギーを得ている。よって、血流をよくすることは意思決定にも重要とされる。

手のひらが温かい人には積極的なアプローチが効果的

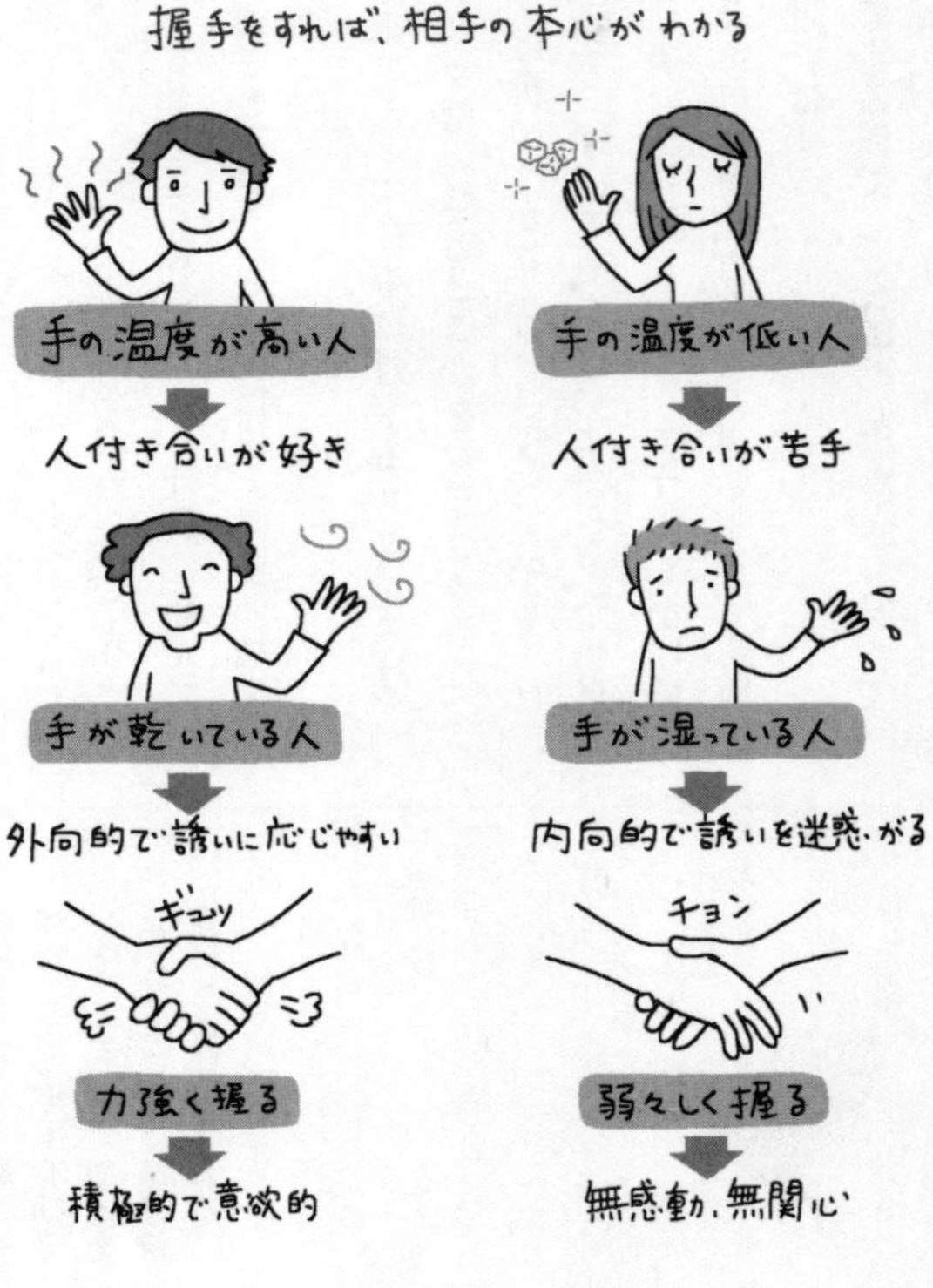
握手をすれば、相手の本心がわかる
手の温度が高い人
人付き合いが好き
手が乾いている人
外向的で誘いに応じやすい
ギュッ
力強く握る
積極的で意欲的
手の温度が低い人
人付き合いが苦手
手が湿っている人
内向的で誘いを迷惑がる
チョン
弱々しく握る
無感動、無関心

手のひらの温度で人付き合いの積極性がわかる

仕事や留学、ホームステイなどで海外——特に欧米各国——へ渡航したことのある人ならわかるかと思いますが、アメリカ人やイギリス人などは、とにかく**握手**（①）を求めてきます。

初対面のあいさつ、ビジネスの席、ホームパーティへ招いた際、別れ際などなど、いつでも手をさっと出してきて、相手とシェイクハンド……。握手は、欧米流のフレンドシップの基本といってもいいでしょう。

しかし、日本にはあまり握手の文化が根付いていません。もともと親しい間柄ならまだしも、初対面の人とのあいさつでは**お辞儀**（②）と名刺を交わすというのが一般的です。相手の体に直接触れるという気恥ずかしさが、握手を避ける文化を醸成してきたのかもしれません。

ただし、相手の心理を読み解きたいのであれば、積極的に握手をした方がよいでしょう。セイモア・フィッシャーという心理学者によれば、手のひらの温度が高い人は人付き合いに積極的なタイプ、低い人は人付き合いに消極的なタイプだそうです。

したがって、初対面での握手の際、相手の手のひらからジンワリ

---

①握手
2人の人がお互いの手を握り合う、あいさつのひとつ。相手への好意を示す動作であり、相手から差しのべられた握手を断ることはマナー違反とされている。紀元前5世紀頃のギリシャではすでに握手の習慣ができていたと推測されており、2人の兵士が握手を交わしている石碑が発見されている。手に武器を持っていないことを示すための意思表示であるともいわれる。なお、欧米ではしっかりと握り返すことが適切だと考えられており、弱々しい握手は、しばしば「死んだ魚のような握手」として避けられる傾向がある。

とした温もりが伝わってきたなら、「この人に対しては、積極的に話しかけても嫌われないな」と判断することができます。ランチや宴席などに誘った場合も、好意的な返事が期待できるでしょう。

逆に、ヒンヤリした冷たい手のひらであれば、「あまりこちらからアプローチすると、敬遠されるかも……」となるわけです。いきなり飲み会やゴルフなどに誘ったりせず、時間をかけて着実に人間関係を築き上げる方が無難かもしれません。

この判断方法は、特に女性が相手だと効果的です。というのも、男性は比較的**体温**（③）の高い人が多く、明確に体温の高低が区別できないことがあるのです。もちろん、女性と握手する際は、タイミングとマナーをわきまえることが大切なので、頻繁に握手を求めるのは考えものですが……。

相手に好意を示したければ握手は力強くしっかりと！

同じく、握手と性格の関係を分析したものとしては、ジャン・アストロムによる研究があります。

アストロムはスウェーデンのリンコピン大学の精神科学の研究者。彼の研究によると、男性に限っていうなら、手のひらが乾いている

---

②お辞儀
あいさつの意や感謝、謝罪などを示すために、腰を曲げて頭を下げる動作のこと。日本は湿気が高く、手に汗をかきやすいため、握手に代わって広く浸透してきたとする意見もある。なお、必要以上に深々とお辞儀をする人は、相手に対して「目を合わせたくない」「相手とかかわりたくない」という心理の表れであるともいわれている。

③体温
生物の体の温度のこと。日本人の平均的な体温は36.89度（±0.34度）であり、およそ36.5〜37度が一般的。ただし、この数字は体の内部の温度であり、皮膚

人ほど社交的な性格であるそうです。

握手をした際、手のひらがサラサラであれば、どんどん話しかけるなどして、こちらも社交的な態度を示しましょう。反対に、じっとりと湿っている多汗な手のひらの男性は、内気で人付き合いに消極的であることが推測されます。

さらに、グッと力を込めて握手してくる人ほど、積極的な性格であることもアストロムは指摘しています。しっかりと握手するということは、それだけ相手と直接的に触れ合うということ。にもかかわらず、力強く握手してくる人は、他者とのコミュニケーションに対する抵抗感がなく、オープンな性格であることが予想できます。

このように、握手だけでたくさんの情報が読み取れるわけですが、これはあなた自身の握手も相手に読み解かれているということでもあります。

日本にいる場合、日常生活で握手をすることはあまりありませんが、それでも商談がまとまった席やパーティ会場などで目にすることは少なくありません。もし他者と握手するようなことがあれば、あらかじめ手の汗をハンカチなどでぬぐい、ガッシリと握り返すようにしましょう。きっと、相手に対して「この人となら仲よくなれそう」と思わせることができるはずです。

や手のひらなど外気の影響を受けやすい部分の温度は34度ほどが一般的である。また一日の間でも変動があり、早朝ほど低く、夕方頃がもっとも高くなる傾向があるため、体温を測定する際には注意が必要。

恋愛が長続きする人ほどだまされやすい

恋愛がウソを見抜く力を狂わせてしまう？

恋愛における**ウソ（①）**は、ときには2人の仲を切り裂くきっかけになります。それゆえ、相手の行動や発言についつい疑心暗鬼になってしまいがち。しかし、一方で、「ウソは気がつかなければ幸せ」とばかりに、疑うことを一切せず、恋人ライフをエンジョイするカップルもいます。

では実際のところ、恋人同士の〝ウソ〟は、疑うべきなのでしょうか。この疑問にひとつの答えを出してくれる実験があります。アメリカの心理学者・ディポーロが行った、多くのカップルを集め、相手に対してウソをついてもらうという実験です。具体的には、カップルの片方に魅力的な異性の写真を見せ、恋人に対して「まったく魅力のない人だった」と説明するよう求めました。直前にイケメン（超美人）の写真を見せられた恋人が、「ブサメン（ブス）だったよ～」とウソをつく、というわけです。

結果、「長く付き合っているカップルほど、相手のウソを見抜けない」という結果が導き出されました。

相手のウソを見抜けないから恋愛が長続きするのか、恋愛が長続きするからウソを見抜けないのか、どちらが正しいかは判断がつか

---

①ウソ
事実に反すること。ウソをつくことは、コミュニケーションの潤滑油として働いているという見解がある。事実しか話せない状況では円滑なコミュニケーションが図られにくくなることは実感的に理解できる人も多いだろう。また、末期ガンなどの病名告知においても、患者を必要以上に落ち込ませないためにウソの病状を伝えることもある。ただし、ウソは一切否定される文化・風俗も存在している。さらに、浮気などの背信行為を隠すためについたウソは、その後ウソの上塗りになって後に引けなくなり、犯罪行為につながる可

ないところです。しかし、彼女の「会社の飲み会がある」という言葉を男との合コンだと疑ってみたり、彼氏の出張を不倫旅行だと疑ったりするカップルは、どうにも長続きしなさそうです。

逆に、はたから見ていると明らかに浮気の言い訳にしか聞こえないウソを見抜けず、盲目的に信じている人の方が、何だかんだで恋人を手元に置き続けるというのも、経験上理解できるのではないでしょうか。

浮気されていると思い込むと現実になってしまう!?

ただ、恋人の言葉を一切疑わないというのは、現実的に難しいことでもあります。一度浮気されるのを経験すれば、いやでも疑い深くなるでしょう。疑い深くなれば、「デート中のトイレが長い」程度のささいなことでも浮気を疑ってしまうもの。そして、疑いを心にしまっておけるならまだしも、相手を問い詰めてしまい、嫌がられて距離を置かれ、さらに浮気が気になって……なんていう悪循環に陥ることだって珍しくありません。

心理学には「**予言の自己実現**（②）」という言葉もあります。たとえば「浮気してるでしょ」といつも疑っていると、実際その通り

能性も指摘されている。また、虚栄心などから頻繁にウソをついてしまう〝虚言癖〟というものもある。この場合、現実における自身の状況をより大きく見せることが多く、過大な自慢話などがこれに該当する。こうしたウソを続けていると、自分でも現実とウソの差がわからなくなり、現実認識に支障をきたす場合もある。統合失調症などの精神疾患を原因とするウソもあり、この場合は単にウソを正すのではなく、根本的な治療を要する。

②予言の自己実現
自己成就予言ともいう。予言をした者や予言を受けた者が、その言葉

になってしまうことがあるのです。それくらい思い込みの力は強いものなのです。

　もちろん、何があっても100パーセント恋人を疑わないというのも考えものです。遊びなれた相手には単に「都合のいい相手」と扱われる危険がありますし、さらに、ウソを見抜けないということはだまされやすいということにつながりますから、結婚詐欺などに引っかかるおそれだってあるのです。ですから、一概にどちらがよいとは言い切れません。

　ただし、やはり愛する恋人とはいつまでも一緒にいたいもの。そのためには、疑う気持ちを抑えて、できる限り素直に相手の言葉を受け入れるように努力した方がよさそうです。思い切ってだまされるつもりで恋をしてみてもいいかもしれません。

　もちろん、万が一裏切られても「まあいいや」と割り切れる性格でなければ難しいでしょうが……。

　しかし、こちらが信じるだけでなく、相手にも同様に信じてもらわなければ意味がありません。信じてもらうためには、「疑うと長続きしないんだよ」などと言う前に、疑われるような行為をしないことが大切です。お互いに相手を裏切らず、その上で素直に互いを受け入れることが、長く付き合うために必要なのかもしれませんね。

通りの行動を結果として取ってしまい、予言が実際のものとなることをいう。身近な例としては、占いで「30歳に結婚」と言われた人が、結果を信じるがゆえに、無意識的であっても30歳で結婚するための行動を取り、結果として実現する場合などがある。

足を開いて座っていたら心も開いている証拠！

足の動作と性格の関係
足首付近でクロス
屈辱・服従的
膝がハの字
達成欲求が強い
揃えて座る
秩序欲求が強い
片方の膝に足首をのせる
自己顕示的
中央付近でクロス
養育欲求が高い

足を揃えていたらお堅い女性、では浅めに組む人は……

対面に座る女性が足を組んでいると、つい気になって視線が行ってしまう……。男性ならば、こんな経験をしたことがあるのではないでしょうか。また、電車の中で隣に座る人が頻繁に足を組み替えて、邪魔に思うこともあるでしょう。

そんな、誰しも何気なくやってしまう、「足を組む」という行為。実はこのしぐさも、人の心理や性格を推測する上で、大きなヒントを与えてくれるものなのです。

自分や周囲の人の座っているときの足の状態を注意深く観察してみると、一定の傾向があることに気付くはずです。長時間にわたって座っているときなどは、人は無意識に自分にとってもっとも楽で落ち着く体勢を取っているからです。そして、同じ人が取る体勢は基本的にひとつです。

ときおり足を組み替えることはあるでしょうが、ベースになる体勢は同じなのです。とすれば、それがその人の性格を表していると考えるのも、ごく自然なこと。実際に、アメリカの臨床心理学者、ジョン・ブレイザー博士の実験でも、足の組み方と性格の関連性は示されています。

---

①秩序欲求
どんな人でも持っている〝欲求〟。心理学でも様々な分析が加えられている。H・A・マレーが臨床心理検査や面接によって調査を行い、〝社会的に認められたい〟〝他者を喜ばせたい〟などの心理・社会的欲求を類型化している。秩序欲求や親和欲求もこのひとつで、秩序欲求は「整理整頓・系統化・片付けを行いたくなる欲求」、親和欲求は「他人と仲よくなりたいという欲求」とされている。秩序欲求と同種の欲求として、新たなものを獲得したい〝獲得欲求〟、財をため込みたいという〝保持欲求〟がある。また、親和欲求と同種

ブレイザー博士の実験は、白人女性1000人を対象に、座っているときの足の状態とその女性のパーソナリティとの関連を分析したものです。それによると、おおむね10種類の足の組み方が個人の性格的特徴と関連しているということがわかりました。

たとえば、足をぴったりと閉じて、揃えて座る人は**秩序欲求**（①）が強い、中央付近で足をクロスさせて座る人は養育欲求が強いそうです。また、膝を開いて逆「ハ」の字で座っている人は、男性に対して積極的な性格であるという傾向も示されました。

つまり、足の付け根部分が比較的開きがちの女性は、男性に対してちょっとユルいということ。足首付近でクロスさせる女性は、屈辱的・服従的（つまりドM？）という結果すら出ています。

心を開けば足も開く？ 閉じれば〝拒否〟のサイン

このブレイザー博士の実験は、前述したように足の状態と性格の関連性を探ったものです。ですが、足の状態は性格だけでなく、その時々の心理とも密接な関係があるといわれています。特に、公共の場においてより顕著な傾向があるようです。

具体例を挙げましょう。足を大きく広げて座るのは、**パーソナル・**

---

①の欲求は、他人とのかかわりを拒否する〝拒絶欲求〟、自己卑下である〝屈従欲求〟などがある。このように欲求を類型化し、どの欲求が強いかを調査することで個人のパーソナリティ分析に役立てることができる。

②**パーソナル・スペース** 他人が近付くと不快に感じる空間。親しい人が対象になると狭くなり、敵視する相手には広くなる。また、一般的に男性より女性の方が狭い。文化人類学者エドワード・ホールが分類作業を行っている。それによると、①ごく親しい人にのみ近付くことが許される「密接距離」＝45センチ以内、

スペース（②）を広げたいという心理状態の表れ。電車の中で、隣の人のスペースまで占有して座っている人を見かけたこと、ありますよね。こういう人は、自分の領域を広げることによって、他人を拒絶したり、虚勢を張ろうとしているのです。もしかすると、心の中に不安を抱えていることの表れなのかもしれません。

また、会話中に足を開いている人は、そのおしゃべりを楽しんでいるということ。彼氏と楽しく話をしていると、カフェなどで会ってもついつい足が開いてしまうという女性も多くいます。逆に言えば、足を閉じていると、相手の話に興味がないということ。さらに退屈すると、足を前に投げ出したり、頻繁に組み替えるようになります。会話相手の足がそのようになったら、早めに会話を切り上げた方がよいでしょう。

ブレイザー博士の研究結果と合わせて考えれば、足の開きは心の開き、ということになります。狙った女性が足を開いたり浅く組んでいると、それは脈アリということ。

一方で、かたく閉じているなら、それをこじ開けるのはなかなか難しそうです。この傾向は、女性に顕著ですが、男性にも当てはまります。立食パーティではムリですが、合コンの席で相手の足の様子をチェックして、脈アリかどうか判断してみるといいでしょう。

---

②相手の表情が読み取れる「個体距離」＝45～1・2メートル、③会話が容易にできる程度の「社会距離」＝1・2メートル～3・5メートル、④複数の相手が見渡せる「公共距離」＝3・5メートル以上の4ゾーン。ベンチや喫煙室といった公共施設もこの距離感に基づいて設計されていることが多い。

お悩み相談室

今回のお悩み

「今まで、あまりよい恋愛を経験したことがありません。いつも浮気されてばかり……」

社交的な男性はNG。孤独な男性を選んで

付き合う前は誠実な人だと思っていたのに、最後は結局浮気されておしまい……。そんなパターンを繰り返す女性は意外に多いようです。やはり人それぞれ好みというものがありますから、気付かないうちに浮気性の男性を選んでしまうのでしょう。

男性は女性の倍、ウソをつくと言われています。具体的な数字を挙げると、女性は一日に3回ウソをつき、対して男性は6回ものウソをつくとも。

こんな数字を見せられては、恋人を信じることもできなくなってしまいますね。ただし、一方で妻以外の人を愛したことがないという男性の割合は40パーセントだという研究報告もあります。要は浮気をしない男性といかにして付き合うかというのが重要になるでしょう。

ではその見分け方はあるのでしょうか。結論から言うと、交友関係が広くいつも男友達とつるんでいるような男性は要注意です。浮気性の可能性が高いでしょう。男友達とばかり遊んでいるのだから、女性にうつつを抜かしている暇などないのでは？と意外に思われるかもしれません。けれど交友関係や遊び仲間が多いということは、それだけ街に出て出会いの場を訪れる可能性も高いということです。

ではどのような男性ならば浮気をされないのか。それは〝一匹狼型〟の男性だと言われています。社交的な男性の反対ですね。

さて、実は浮気されやすい振る舞いというものも存在します。それは「浮気はしないでね」と念を押すことです。かつて恋人に裏切られた経験からそうしている人がいるかもしれませんが、これは逆効果。浮気を禁止されると逆に浮気に興味を持ってしまうのです。

逆に「信頼してるよ」とか「浮気をしないところ、好きだよ」などと、浮気をしないことがさも当たり前のことのように接してみましょう。全幅の信頼を寄せられた男性は、なかなかその期待を裏切ることができないはずです。

一匹狼型の男性と
お付き合いしてみましょう

努力家・頑張り屋さんほど心がポッキリ折れやすい！

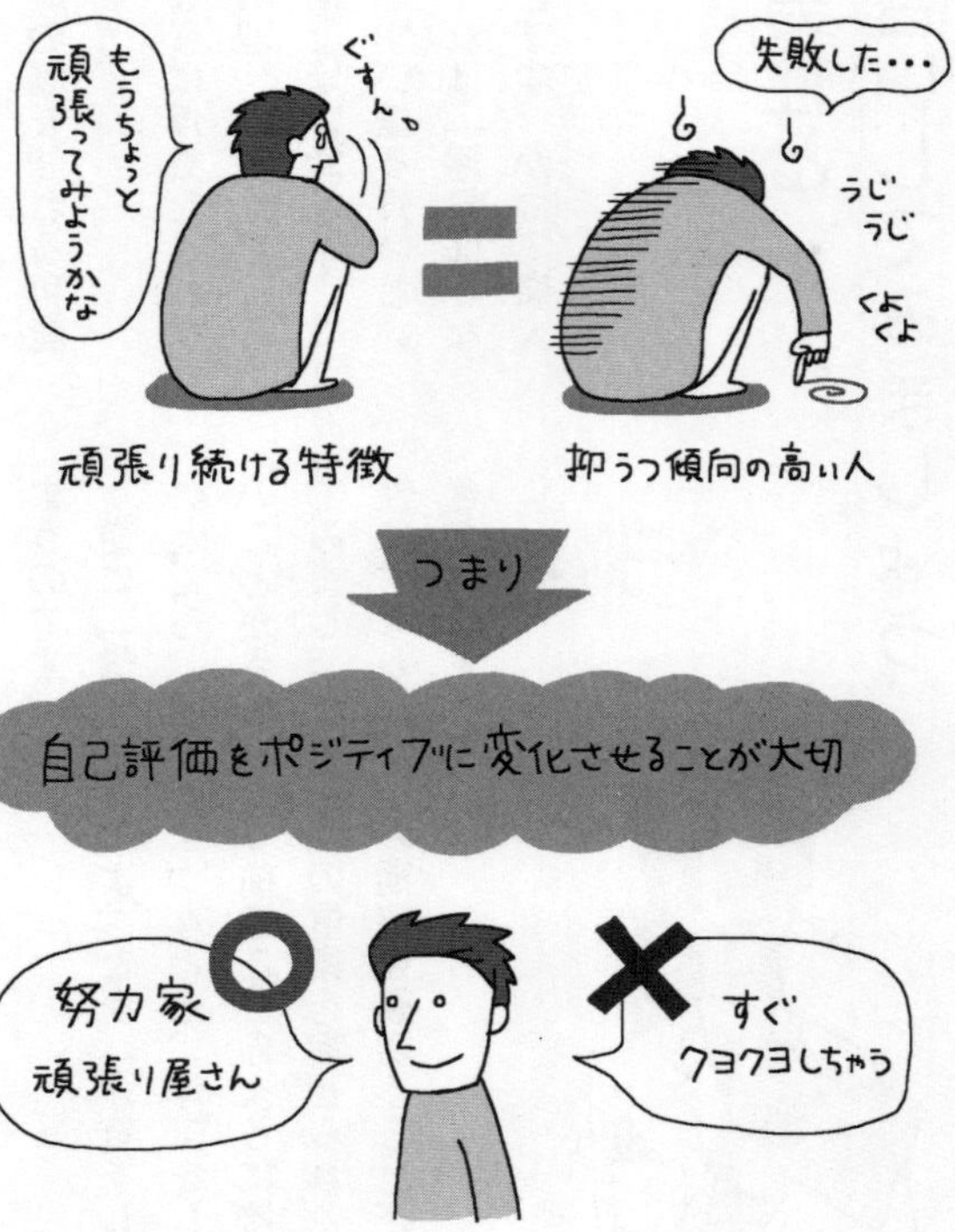
もうちょっと頑張ってみようかな
ぐすん。
失敗した…
うじうじ
くよくよ
頑張り続ける特徴
抑うつ傾向の高い人
つまり
自己評価をポジティブに変化させることが大切
努力家
頑張り屋さん
すぐクヨクヨしちゃう

その何気ないひと言が当人を追い込んでしまう！

厚生労働省の統計によると、2008年現在、我が国では104万人もの**気分障害**（①）患者がいるとされています。「気分障害」とは、**うつ病**（②）や躁うつ病、気分変調症などといった心の病気のこと。中でもうつ病患者は70万人以上もおり、決して他人事とは言えない実情があります。

明確にうつ病とは診断されなくても、うつ病になりやすい、すなわち抑うつ傾向のある人もいるでしょう。

たとえば、「仕事上のささいな失敗で落ち込んでしまう」「人付き合いが苦手で、他人との会話が不安でしかたない」「休日になっても、何もしたくない」などなど。要するに〝心が折れて〟しまうわけです。また近年では、出社しようとすると頭痛や吐き気に襲われる「**出社拒否症**（③）」という症例もあります。

こういった心の病を抱えがちな人、抑うつ傾向のある人たちとの付き合いには、特に慎重にならなければいけません。他者からの何気ないひと言が、その人の心をさらに追い込んでしまう可能性があるからです。それでは、どういった人が、抑うつ傾向が強いのでしょうか。

---

①気分障害
日常生活に支障をきたすほどの、一定期間にわたる気分・感情の変調。うつ病や躁うつ病のほか、特定不明の気分の変調も含まれる。厚生労働省の統計によれば、その患者数は年々増加傾向にある。2008年時点の女性患者は65万5000人、男性患者は38万6000人と、女性の方が1・7倍ほど多い傾向にある。また、年齢別に見ると、男性では30代がもっとも多く、女性では60、70代がそれぞれ約12万人ともっとも多い年代となっている。

カナダにあるコンコーディア大学のC・ロッシュ博士は、15〜19歳の人を対象にリサーチを実施しました。

その結果、抑うつ傾向が強い人ほど、「目標達成のための努力を惜しまない」「結果が出るまで頑張り続ける」といった行動特徴があることが判明しました。

逆を言えば、努力家や頑張り屋さんほど、抑うつ傾向が強い＝心が折れやすいといえます。

期待をかけるのはNG！ 力を抜くようアドバイスを

このような人々は、自分で決めた目標に向かってわき目もふらずにまい進するタイプです。ただ、成功があれば失敗もあるのが人生ですから、大なり小なりのつまずきは避けられません。

普通の人なら「まあ、しょうがないか」「これくらいの成果で満足しておこう」と、心の中で折り合いをつけられます。

しかし、努力家・頑張り屋さんは、「失敗したのは自分の努力が足りないからだ」「頑張れば絶対にうまくいくはず」と考えてしまい、知らず知らずのうちに自分を追い込んでいきます。やがて、ささいな失敗などで心の限界に達してしまい、それまでの反動から極端に

---

②うつ病
気分障害のひとつで、持続的な抑うつ気分、原因の特定できない不安・焦り、感情や意欲の低下、不眠症などが症例として挙げられる。原因は様々だが、単なる気分の浮き沈みとは違い、セロトニンやドーパミンといった感情にかかわる神経伝達物質の不足に起因することが多くある。近年は抗うつ剤などの薬物治療も行われるようになっているが、基本的にはひとりで治そうとせず、専門医に相談することが必要。

③出社拒否症
会社へ行こうとすると、頭痛や吐き気などに襲われる症例。まじめな

落ち込んでしまうのです。

よく、「うつ病の人に対して、『頑張れ』と励ましてはいけない」と言われますが、これは以上のような背景があるためでしょう。

もともと頑張りすぎが高じて抑うつ状態になったようなものなのに、「頑張れ」と声をかけられては、さらに自分を追い込んでしまいます。極端な例ですが、「周りの期待に応えられない自分は、なんてダメな人間なんだ」と思い込み、自殺してしまう可能性もあるでしょう。

目標に向かって努力できること・頑張れることは、その人の長所でもありますが、あまりに頑張りすぎてしまうことは、心が折れやすいという短所にもなるのです。

あなたの周囲にも頑張り屋さんがいないか、よく観察してみてください。その頑張りが当人の苦痛になっているようであれば、肩の力を抜くように声をかけてみてはどうでしょうか。アドバイスでリラックスできるようであれば、その人は頑張り屋さんという特徴を、長所としてうまくコントロールできるようになることでしょう。

ただし、本格的なうつ病に対しては、やはり専門知識が必要です。会社の部下などが、アドバイスを受け入れずに頑張りすぎてしまうようであれば、専門家の助言を仰ぎましょう。


人や責任感の強い人に現れることが多く、特に大きな仕事や重要な仕事を任された際に現れやすいといわれる。働き盛りの若い人だけでなく、社会の急激な情勢変化や会社内の環境変化についていけなくなった中高年層も出社拒否症になることがある。

激しいキスを求める男は結婚後にいばるタイプ

彼ったらキスもセックスも
情熱的なのよ〜
私って愛されてるわ
…ちがいます！
NO
H
H
自分の欲望を満たそうとしているだけ
よって
自己中心的でワガママなので
結婚後は…
酒もってこーい
セックスさせろ〜
働け〜
いばりちらす可能性大

アツ～いキスをするオトコは自分勝手でワガママ？

あなたはどんな**キス**（①）が好きでしょうか？　軽く唇同士が触れ合うようなソフトキス、熱く燃えるように情熱的なディープキス……。恋人同士が愛を確かめ合うために欠かせないこのキスという行為で、結婚後の男性の性格がわかるという説があります。

この説を提唱しているのは、イギリスの心理学者、ドロシー・マクリアン博士。博士によれば、「情熱的なキスをする男性ほど、結婚後は**自己中心**（②）的で大いばり」だそうです。デート中、街中であっても気にすることなく熱いキスを求めてくる男性は確かに野性的な魅力があります。また、そんな燃えるようなキスが好きで、興奮してしまうという女性も多くいます。しかし、こういうキスをする男は、ワガママで自己中心的な人だというのです。これは、セックスでも同じことがいえます。積極的に恋人の体を求め、情熱的な一夜を明かす……。熱いキスをする人ほど、そんなセックスライフを好む傾向があると思いませんか？

そして、こういう男性に出会うと、「私のことをこれほどまでに愛しているなんて……」と思う女性もいるかもしれません。でも、こうした情熱的なキスやセックスは、愛ゆえの行為ではありませ

---

①キス
愛情表現のひとつ。ほかの愛情表現に抱擁やペッティングなどがあり、恋人同士の男女に限らず、親子の親愛表現においても頻繁に行われる。民族・文化によっては男性同士でも親愛の情を示すためにキスをすることがあるが、一方で忌避している民族・文化もあるので注意が必要である。愛情表現としての意味合いがあるため、セックスよりもキスを重視する男女は多い。また、日本では性行為との関連性も強く、セックスの前戯としてキスをすることは一般的である。ムードのよい場所でのキスは、ホルモンの変化を促し、互いへの信

ん。むしろ、自分勝手で女性に対する気配りが欠けている行為であり、自分自身の「キスをしたい」「セックスしたい」という欲望に忠実になっているだけなのです。実際、普通の人なら街中でのキスは、ちょっと嫌なもの。人目を気にする女性なら、なおさらです。また、気分が乗らないときのセックスは苦痛でしかありません。彼らは、女性の嫌な気分や苦痛を〝情熱〟と持ち前のテクニックでカバーしているにすぎないのです。

このような欲望だけに基づいて、相手の都合を気にしない男性は結婚後にどのようなふるまいをするのでしょうか。傍若無人でいばりちらし、家事の手伝いなどまっぴら御免という、間違った〝亭主関白〟になるかもしれません。

結婚相手に選ぶなら満たされなくてもソフトキス

では、逆に女性のことを気遣える男性はどのようなキスをするのでしょうか。それはきっと、とても優しく柔らかなソフトキスです。ブチュッと唇同士を押し付け合い、舌を入れるようなキスは滅多にしてこないでしょう。そんなキスでは物足りないという女性は多いかもしれません。ですが、こうしたソフトなキスほど、恋人を本当

頼感を上げる効果があることが実証されている。

②自己中心
自分自身が物事の中心であると思い込み、すべての事象を解釈すること。結果として他人への配慮を欠く言動を取るようなことが多く、批判的にとらえられるのが一般的である。この傾向は、社会との接点がほとんどない幼児期特有の心理。物事の一面のみに意識が集中し、客観的に物事を見ることができない状況を中心化と呼び、自他の区分が明確でないために自分の視点でしか物事を考えられないことを自己中心性と呼ぶ。通常、成長すると

に愛していることの証なのです。

このほかに、キスの好みと知能レベルの関連性を指摘するデータもあります。高い学歴を持つ人の77パーセントがソフトキス派、高い学歴を持たない人では半分以下の40パーセントがソフトキス派という統計まであるのです。

もちろん、必ずしも学歴が高ければいいとはいえませんが、マクリアン博士の説と併せて考えれば、高学歴の人ほど優しいキスを好み、女性を気遣える男性ということになりそうです。

一日のデートが終わるときに交わされる、情熱的なキス。それがきっかけとなり、どちらかの自宅やホテルへ……。ここまではよくある話です。

しかしその後は「熱いキスとセックスじゃなきゃ絶対ダメ！」というのは考えものといえるでしょう。時代錯誤の亭主関白に振り回されたいという人なら別ですが、これからも長く付き合い、結婚も考えるとなるとあまりオススメはできないということになりそうです。ちなみに、この傾向は男性だけでなく女性にも当てはまるとか。ハードなキスを求めてくる女性と結婚すると、妻の尻に敷かれっぱなしの結婚生活が待っているかもしれませんよ。

自他区分が明確になり、他者の視点に立ったり、自分を客観視して社会的にどのポジションにあるのかを理解するようになる。しかし、何らかの事情により自他の区分があいまいなまま大人になった自己中心性の強い成人は、〝わがまま〟といわれる。

露出度の高い服を着る女性は自己中でプライドが高い

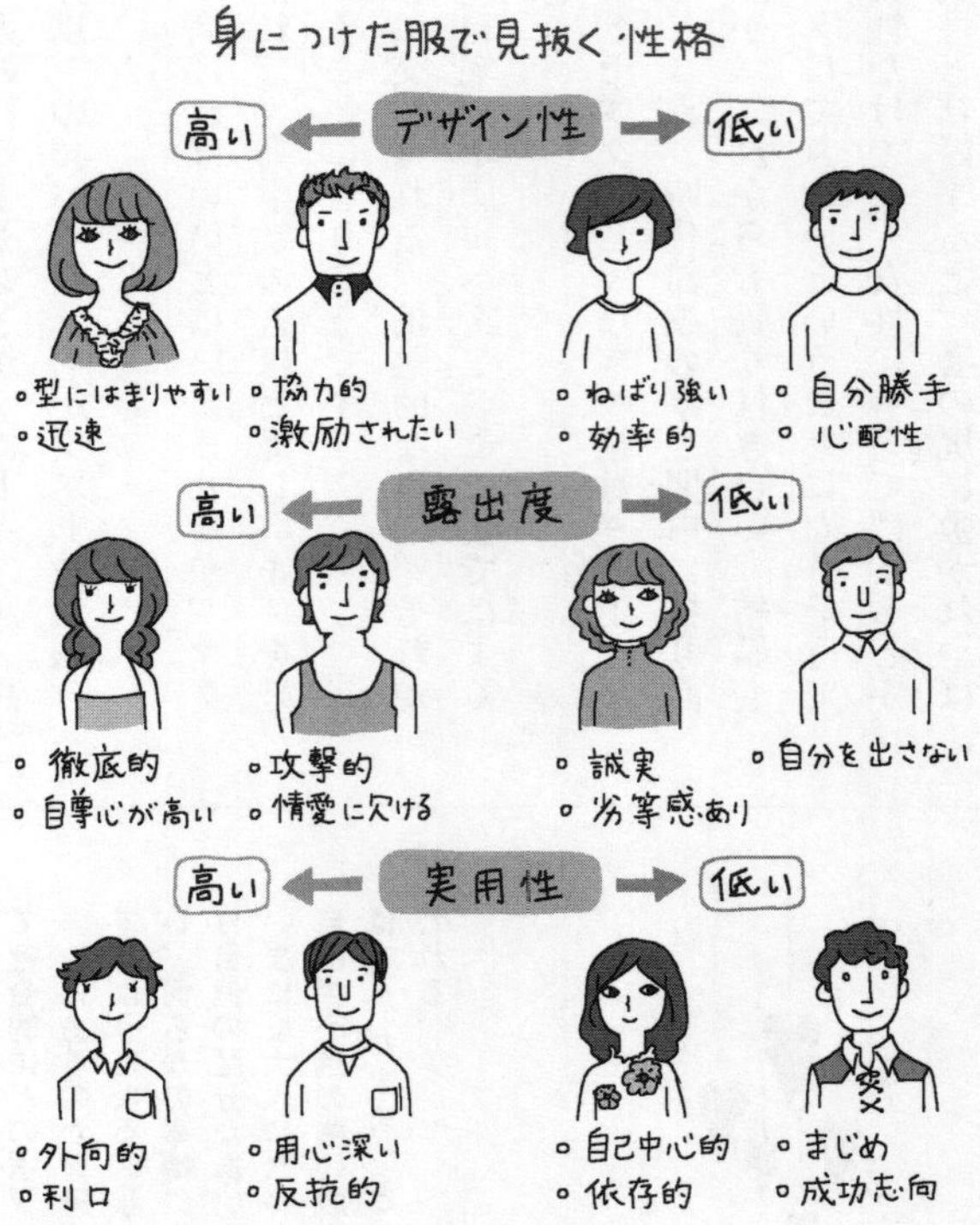
身につけた服で見抜く性格
高い
デザイン性
低い
型にはまりやすい
迅速
協力的
激励されたい
ねばり強い
効率的
自分勝手
心配性
高い
露出度
低い
徹底的
自尊心が高い
攻撃的
情愛に欠ける
誠実
劣等感あり
自分を出さない
高い
実用性
低い
外向的
利口
用心深い
反抗的
自己中心的
依存的
まじめ
成功志向

着ているものひとつで相手の印象はガラッと変わる

着ている服を見て、その人がどんな人かを判断した経験は、誰にでもあることと思います。服装というものは、他人の印象を左右する重要な役割を担っているのです。

そう考えると、接する相手、状況に応じた服装を選ぶことは、場合によって大きな意味を持ってきます。ローゼンフェルドなどの研究者たちは、特にビジネスシーンにおける交流の初期段階では、身につける服装を検討することがもっとも重要だとさえ語っています。

これは、まことに的を射た指摘ではないでしょうか。

たとえば、あなたの服装が、クライアントより自分の方が地位が上だとほのめかすようなものであったら、相手はあなたに近寄りがたくなります。といって、クライアントの基準を満たさない服装だとしたら、実際の能力とは関係なく、あなたは仕事相手にふさわしくないとみなされてしまうでしょう。

このように、服装は相手との関係性や距離を決定付けかねないものなのです。

服装によって自分に対する周囲の印象をコントロールすることは、ビジネスの現場以外でも普通に行われています。

---

①インフォーマル
「フォーマル（正式の、公式の）」の対義語。ここでは、礼装（フォーマルウェア）に対し、形式ばらない装いという意味で用いている。

②ホモフィリイ
外見・経歴・態度・価値観などにおける類似性、同質性といったような意味で、似たような人（個）が集まった集団では、相互に接触や緊密化が起こりやすいということを示している。要するに、人は自分に似ていそうな相手をより好むということ。日本でいう「類は友を呼ぶ」が意味としては近い。インターネットのブログやツイッターなどで、趣味

キャンパスで、学生と年の変わらない若い講師が、あえてフォーマルな格好をして学生との間に差を作る。もしくは、逆に**インフォーマル**（①）な格好をして**ホモフィリィ**（②）を生じさせるというのも、その一例といえるでしょう。

デザイン性の高い服は融通が利かないサイン

衣服は相手に与える印象を左右すると同時に、それを身につけている者の**パーソナリティ**（③）を表しているとする研究報告もあります。

衣服に対する志向（④）やこだわりは、一般的に男性より女性の方が強いと考えられています。そこで、まずは女性の場合を見てみましょう。

デザイン性の高い衣服を着ている女性は、型にはまった考え方をしがちで、融通が利かないとされます。一方で、表現豊かで威勢がよく、行動が迅速なのもこのタイプです。それに対し、デザイン性の低い服を着ている女性は、思考明晰で機知に富み、効率的に物事に対する反面、プレッシャーには弱い傾向が見受けられるようです。

こうした差は、流行に対する敏感さ、オリジナリティへのこだわり

や嗜好の似ている者同士が相互リンクや相互フォローを通じて容易に親密さを深めていく現象も、この言葉で説明することができる。

③パーソナリティ
心理学の分野において主に「人格」を表す用語。「個性」を意味する「キャラクター」とは異なる。

④衣服に対する志向
ローゼンフェルドとプラックスは、男女双方に対し、衣服意識・デザイン性・露出性・実用性の4つの観点から、服装に対する志向にその人のパーソナリティが透けて見えることを分類してみせた。その調査結果によると、高

が反映されたものと見ることもできそうです。

露出度の高い服を着ている女性が、プライドが高く、他人とかかわりを持ちたがらないというのは、何となくわかる気がします。徹底して我が道を行くタイプということでしょうか。これが露出を抑え気味の女性では、気が小さい、誠実、辛抱強い、劣等感、異性への興味が薄いといったキーワードが並びます。やはり、露出度は保守性と結び付いているのかもしれません。

次に、男性にも目を向けてみましょう。こちらは服装を選ぶ際、実用性を重んじているか否かを基準に見てみます。

実用性の高い服装を選ぶ男性は、用心深さを持ち、人間関係や権威者からの評価を気にする傾向が強いようです。反対に実用性の低い服装を選ぶ男性は、分析的でまじめな一方、成功志向があって強引といった特徴も見られます。

男性は女性に比べると組織との距離感を意識するケースが多いため、このような結果になるのでしょう。以上はあくまで統計的なもの。一概には言えないことですが、ある程度の傾向をとらえているのも確かです。大ざっぱな分類になりますが、組織や周囲に対して誠実であるほど服装に対して保守的な意識が強く、独立心を持つ人ほど服装による自己主張が強くなるようです。

い衣服意識を持つ人は、それを常に他人に気付いてほしがっている。露出性の高い服を好む人は、フォーマルな仕事現場に肌の露出した不適切な服装で現れる。などといった傾向を見て取ることができる。

自分に自信がない人は質問に「ふつう」と答える

あなたは明るい性格ですか？
はい！
そうです
うーん
…わからない…
自信アリ
自信ナシ
答えるまでの時間
平均3.8秒
平均4.5秒
＝自信のある人は返答が早い！
〇〇です！
これは何だい？
はい！
調子いい？
自信がない人も素早く答えることで自信がつく！

自信がない人ほど答えが遅い

日本人の特徴に、自分の意見をはっきり言わないというものがあります。欧米人にとって、イエス・ノーを明らかにせず、あやふやな答えで済ませてしまう日本人は、ときに理解しがたい国民に映るようです。

ただ、そのような答え方をする裏には、相手に対する遠慮や謙譲の気持ち、即答を避ける慎重さがあるのも確かで、一概に欠点と決め付けるのもどうかと思います。

もちろん中には、ネガティブな理由から、はっきりと答えられない人たちもいます。たとえば食事に出かけたとき、料理の好みを聞かれて、「わからない」と答える。味の感想を求められ、「**ふつう(①)**」もしくは「まあ……」などと答える人たちです。

これが、相手に対する思いやりから発せられる答えでないのは明らかです。明確な回答を嫌う、彼らのような人々に共通しているのは、〝自信がない〟ということです。

---

①ふつう（普通）
本来は「並」「平凡」などといった意味だが、近年は若者言葉のひとつとして、頻繁に用いられるようになった。その場合、よし悪しの判断を保留・放棄したいとき、具体的な内容に踏み込むのが面倒なときなどに使われることが多い。主な用法には、以下のようなものがある。
例①
「今日は疲れた？」
「ふつう」
例②
「アイドルの○○って好き？」
「ふつうに好き」

即答するクセをつけると自信家に変わる！

ブリティッシュ・コロンビア大学（②）のジェニファー・キャンベル博士の行った、興味深い実験があります。博士はまず**性格テスト**（③）を行い、結果に応じて自信がある人と自信がない人に振り分けました。そして、双方に25の質問をぶつけたのです。すると、自信がない人たちのグループでは、イエス・ノーがはっきりしない、どっちつかずの回答を返す人が多いという結果が得られました。

それだけではありません。自信のある人たちのグループでは、回答に平均3・8秒しかかからなかったのに比べ、自信がない人たちのグループでは、回答に平均4・5秒を要したというのです。差にして0・7秒と1秒に満たない短い時間ですが、体感的にはワンテンポの「間」といっていいでしょう。

この実験結果が示すのは、自信の有無が、回答内容の明確さと、回答のスピードに影響を及ぼすということです。ひるがえって、回答がはっきりしない、答えるのに時間がかかる人は、自信がないということがいえます。

試しに、身近な人に質問を投げかけてみてください。あなたの問

---

②ブリティッシュ・コロンビア大学
カナダのブリティッシュ・コロンビア州にある州立の総合大学。略称はUBC。カナダで3本の指に数えられる名門で、北米を代表する教育・研究機関として世界的にその名を馳せている。バートラム・ブロックハウス（物理学賞）、ロバート・マンデル（経済学賞）、ハー・ゴビンド・コラナ（医学・生理学賞）らのノーベル賞受賞者を輩出していることでも有名。

③性格テスト
性格検査、パーソナリティ検査と呼称されることもある。カウンセリングなどに用いられ

いかけに対する答え方と間の取り方で、その人の自信の有無を容易に見抜くことができます。あなたの問いに、即座に明確な答えを返してくるなら、その人はたぶん自分に自信があるとみなしてよいでしょう。自信家は自らの中に確立した意見を持っています。問われる前から答えの準備ができているようなものなのです。

反対に返答がもたついたり、あやふやな回答を返すようなら、相手はあまり自分に自信がないとみなすことができます。もちろん、あなたが相手にとって魅力的な異性である場合、相手の反応が鈍くなるのは、自信以外の要素が大いに手伝っていることは言うまでもありません。

何を質問しても、「よくわからない」という答え方をする子どもは以前からよく見かけられました。最近では、冒頭で紹介した「ふつう」という言い方も増えてきたようです。「よい」でも「悪い」でもない、このどっちつかずの表現が口ぐせになっているようなら、ちょっとやっかいです。

このような判断の放棄を繰り返していると、たとえよいことがあっても素直に受け入れられず、たまたまだと思うようになってしまうのです。それでは自信につながりません。達成感や成功体験の積み重ねが、自信につながるのです。

る心理検査の一種で、主に被験者のパーソナリティの把握を目的として実施される。検査の方法によって「質問紙法」「投影法」「作業検査法」の3つに分類され、投影法のバリエーションである「ロールシャッハ・テスト」「バウム・テスト」などが一般的によく知られている。

相槌を頻繁に打つ人は自然と会話をリードしている

無言で相手を肯定し自然に言葉を誘導する

会議や普段の会話などで、相槌を多用する人がいます。こういう人は聞き手に徹しているように見えて、実はその話題をリードしていることが、心理学の実験で明らかになりました。

以下はアメリカで行われた実験です。まず2人の人物に自由な会話をお願いします。ただし一方には、相手が複数形の名詞を口にするたびに、相槌を打つよう指示が与えられています。単数形の名詞の場合、相槌は打ちません。やがて会話が進行するにつれて、被験者の話し方に変化が表れました。被験者の口にする名詞のうち、複数形の割合が無意識のうちに多くなっていったのです。

人間はもともと、他者から肯定されたいという、**自己是認欲求**（①）を抱えていると考えられています。相槌は相手に肯定や従順の意思を示す**非言語コミュニケーション**（②）の一種。

つまり相槌を受けることは、自己是認欲求を満たすもっとも簡単な方法でもあるのです。会話の端々に相槌を打た

相槌は会話に強く影響を与える
私は
…
彼らは
はい
単数形の名詞を使ったときは相槌を打たない
複数形の名詞を使ったときは相槌を打つ
話し手は複数形を多く使うように
＝無意識下で、会話をリードするのは聞き手！

れれば、誰でも気分よくなってしまいます。そのため被験者は相槌を打ってもらえる複数形の名詞を知らないうちに多用するようになっていたのです。つまり、自由に話しているつもりが、聞き手に言葉を誘導されていたわけです。

①自己是認欲求
〝自分〟ではなく〝他人〟に認められたいという欲求。人はこの欲求を満たしてくれた相手に対して、好意を抱く傾向がある。

②非言語コミュニケーション
つまり言葉を介さないコミュニケーションのこと。ボディランゲージのようなものから、相槌のように会話の補助的役割を果たすものまで様々な種類がある。

お悩み相談室

今回のお悩み

「彼女が怒りっぽく、一度火がつくと手がつけられません」

女性のココロはとても複雑

男性と女性とでは、考え方や性格に大きな差があります。男性はなかなか恋人の気持ちを量ることが難しいかもしれません。

特にケンカになると、男性から見て女性の怒りは凄まじく、圧倒されてしまうこともあるでしょう。彼女の怒りがなかなか収まらず、しまいには男性の方で、疲れてどうでもよくなってしまうこともしばしば。でも、その面倒くさそうな態度が彼女の癇に障り、結局火に油を注ぐ結果に。

男性にはない女性の微妙な心理を理解しなければ、いつまでも同じことを繰り返してしまいます。まずは女性と男性、怒りに関する両者のとらえ方の違いから見てみましょう。

まず男性は、ケンカや争いについて結論があいまいなままでも別段気にしない傾向があるようです。一方、女性はその場で結論が出なければ気が済みません。うやむやにしてその場を収めようとする男性の態度は、女性にとって不誠実極まりないことなのです。

　では、女性はケンカの際、男性に何を求めているのでしょうか。もちろん争いの原因を解決したいという気持ちもありますが、共通して言えるのは「相手にも自分と同じような感情に動かされてほしい」という気持ちです。自分が悲しんでいるのなら、相手にも同じように悲しんでほしいのです。しかし男性はしばしば、泣きじゃくる女性を必死になだめようとし、それがさらに女性の怒りを駆り立てます。「冷静になれよ」などという言葉がくわわれば、最悪です。女性の怒りを止めることは至難の業でしょう。

　そこで提案したいのは、「思い切って自分も泣いてみる」です。あるいは怒り狂う相手には、こちらも怒りで対しましょう。互いの感情をぶつけ合うことで、女性の方でも思いのたけを解放でき、気持ちをラクにすることができるはずです。

　悲しみには悲しみを、怒りには怒りをという態度は、ある意味で非常に誠実な態度なのです。

思い切ってあなたも怒りをぶつけてみましょう

人が頼みごとをよく聞くのは
ご機嫌もしくは罪悪感のあるとき

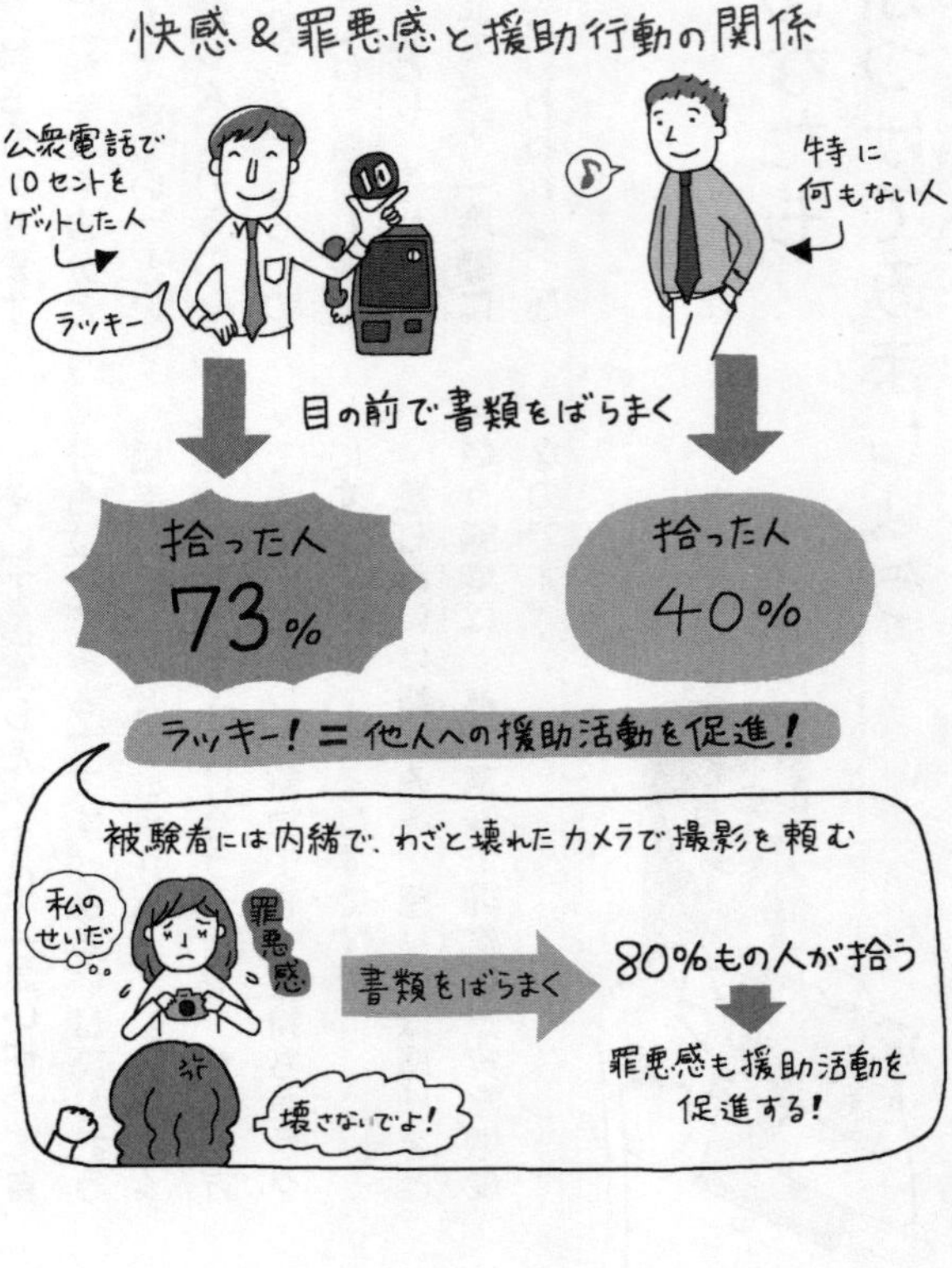
快感＆罪悪感と援助行動の関係
公衆電話で
10セントを
ゲットした人
ラッキー
特に
何もない人
目の前で書類をばらまく
拾った人
73％
拾った人
40％
ラッキー！＝他人への援助活動を促進！
被験者には内緒で、わざと壊れたカメラで撮影を頼む
私の
せいだ
罪悪感
壊さないでよ！
書類をばらまく
80％もの人が拾う
罪悪感も援助活動を
促進する！

の実験を試みました。通りがかった人にカメラを渡し、写真を撮ってほしいと依頼するのです。このカメラには実は仕掛けがあり、壊れてシャッターが下りないようになっています。ここが実験のミソになります。

このとき撮影を依頼した人には、頼んだ相手に不満を述べて去るよう仕向けます。あたかも、その人が壊したかのようにです。そうすると頼まれた人は、自分の責任でもないのにシャッターが下りなかったことに罪悪感を抱いてしまうのです。

ここで、やはり通りがかりの人に手に持った書類を落とさせてみると、80パーセントの人が書類を拾うのを手伝ったそうです。まさに、罪悪感が援助行動を促進する**情緒**（④）条件として機能した瞬間といえるでしょう。

以上のことから、相手がウキウキしているとき、もしくは罪の意識にさいなまれているときの方が、人の援助を受けやすい、頼みを聞いてもらいやすいといえます。

何だか相手の感情につけ込むようで、人が悪いことのような気がしますが、これらは処世術のひとつとして覚えておいても損はないでしょう。場合によっては、自分が逆の立場に置かれることもあるのですから。

---

④情緒
喜びや怒りなど、一時的・短期的な心の動きを一般に情緒というが、心理学では「情動」とすることもある。カニンガムの実験における快感情、罪悪感がこれに当たり、援助行動の動機となる「心理的状態」の一種である。

右上を見ながら考える人は細かく分析する理系タイプ

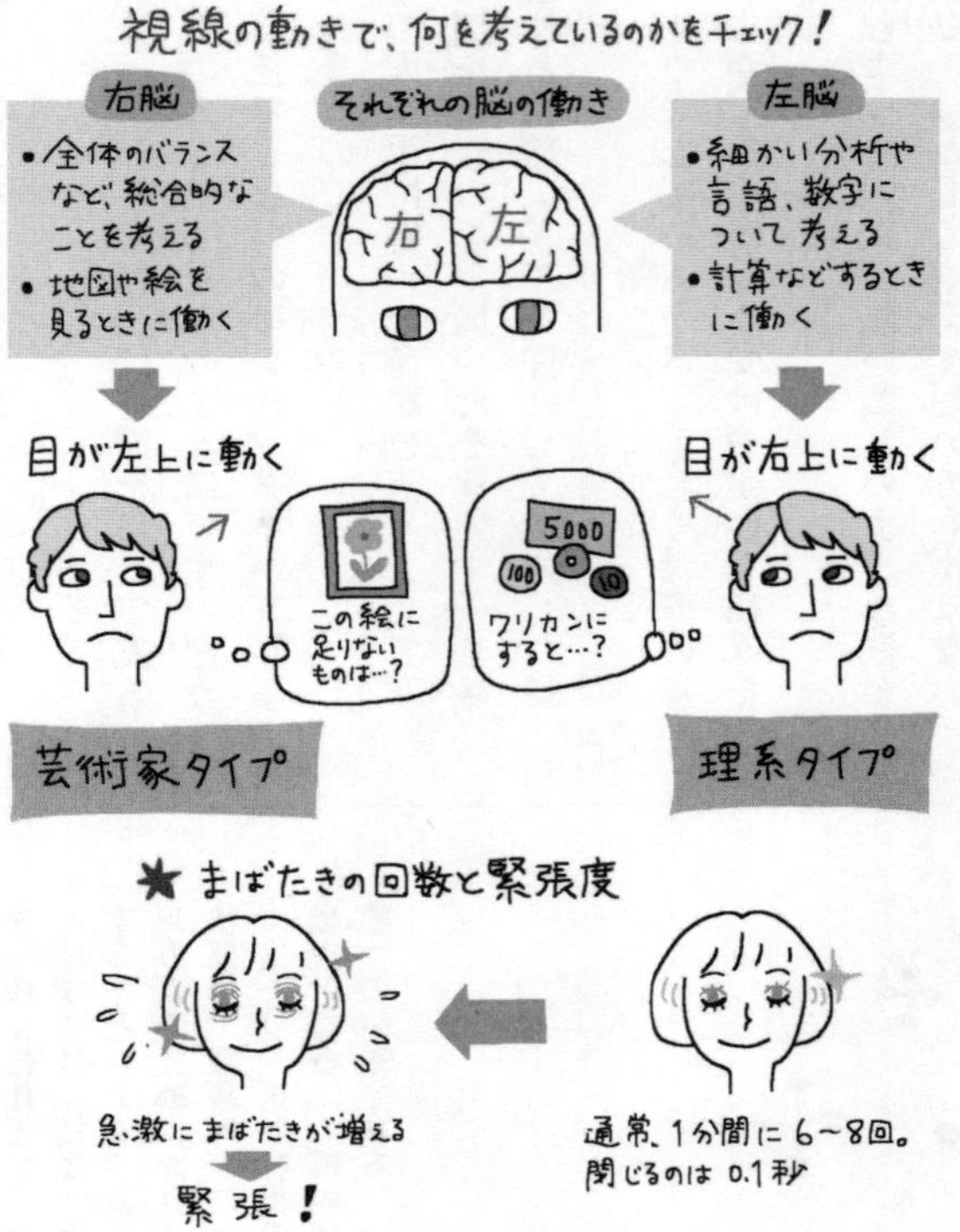
視線の動きで、何を考えているのかをチェック!
右脳
・全体のバランスなど、総合的なことを考える
・地図や絵を見るときに働く
それぞれの脳の働き
右
左
左脳
・細かい分析や言語、数字について考える
・計算などするときに働く
目が左上に動く
目が右上に動く
この絵に足りないものは…?
5000
100
10
ワリカンにすると…?
芸術家タイプ
理系タイプ
★まばたきの回数と緊張度
急激にまばたきが増える
緊張!
通常、1分間に6〜8回。
閉じるのは0.1秒

左上を見たら過去を、右上を見たら将来を思う

カウンセリングやビジネス、自己啓発などにも用いられる「**神経言語プログラム（①）**（NLP）」というテクニックがあります。

カリフォルニア大学に在籍していた**ジョン・グラインダー（②）**博士が、同大学心理学部の学部生リチャード・バンドラーの協力を得て体系化したもので、この中で紹介されている「**アイ・アクセシング・キュー（③）**」という理論によると、目の動きによって相手が今何を考えているかを知ることができるとしています。

たとえば、「目を上に向けているときは視覚的イメージを思い起こそうとしている」といった具合です。くわえて、左右でも意味合いが異なり、目が左に動いたときは過去を、右に動いたときは未来を想起しているともいいます。

以上を踏まえるなら、左上に視線をやっているときは過去のイメージを視覚的に思い返している、右上に視線をやっているときは、将来起こりうる、あるいは起こるかもしれない出来事を想像しているとみなすことができます。

目の高さにも意味があります。先述のように、上方は視覚的イメージにつながりますが、水平では聴覚（音）、下方では内的対話や

---

①神経言語プログラム
カリフォルニア大学に在籍していたジョン・グラインダー博士が、心理学部の学部生リチャード・バンドラーの協力を得て1970年代に研究を始めた心理学のテクニック。セラピーの世界で当時権威だった催眠療法のミルトン・エリクソン、ゲシュタルト療法のフリッツ・パールズ、家族療法のバージニア・サティアといった「3人の天才セラピスト」がもともと用いていたテクニックを分析、体系化したものだが、のちにその継承者たちによって発展していった。スポーツやビジネスをはじめとした多岐にわたる分野で活用されて

体感イメージにつながるとされます。

身近な人に、昔聴いた音楽について尋ねてみてください。その人が水平方向を左に目を動かしたとしたら、そのメロディを思い返していると考えられます。

以上はアイ・アクセシング・キューの一般的な例で、もちろん例外もあります。また、左利きの人では反対になることがあるともいいます。

ただ、いずれの場合も成人する頃には、その人なりの一定のパターンに落ち着くといわれています。したがって、コミュニケーションに応用するときは、まず最初に相手のパターンを把握することが必要になってきます。

論理的思考の持ち主は目を右上に動かして考える

ものを考えるとき、人は自然に視線を動かすことがわかりました。これを別の角度から研究する学者ギュアの発表によると、空間把握の課題に向かうとき人は目を左上に動かし、言語に関する課題に向かうときは目を右上に動かして考えるのだそうです。

ご存じのように、脳は左右の半球でその機能が異なります。それ

おり、ベトナム戦争やアフガニスタン紛争などに従軍した兵士たちの心的外傷後ストレス障害(PTSD)の治療にも用いられ、大きな成果を挙げている。

②ジョン・グラインダー
アメリカの言語学者。カリフォルニア大学サンディエゴ校（UCSD）で博士号を取得、その後、同大学サンタクルーズ校（UCSC）で言語学の助教授をしていたとき、同大学の学生だったリチャード・バンドラーと出会い、神経言語プログラム（NLP）の研究をスタートさせた。現在も世界中を飛び回り、NLPに関する講演などを行っている。

が、目の動きに反映されているのです。右脳は直感や空間的・総合的理解を、左脳は言語や計算、論理的思考を司る働きをしています。単純に左右で考えるなら、空間把握課題に向かうときは目を右に動かしそうなものですが、実際そうはならないのは、視神経が交叉しているためです。つまり、脳の働きと目の動きは逆になるのです。

　左上に目を動かしているときは、直感的に思考している。右上に動かしているときは論理的・分析的にものを考えている。概ねそう考えると間違いはないでしょう。

　これを一般的な例に当てはめるなら、目を左上に動かしてものを考える人は直感的、右上に動かしてものを考える人は論理的思考の持ち主といえるかもしれません。

　まばたきもまた、人間の心理状態をよく反映する行為です。まばたきは普通、1分間に6〜8回程度行います。また、まぶたを閉じている時間は1回あたり0・1秒ほどとされています。これが、ストレス下では一気に回数が多くなり、慌ただしくなります。

　もし、はた目に大したストレスがかかっていそうにない状況で、頻繁にまばたきを繰り返している人がいたら、その人はやや神経質なタイプの可能性があります。自分で自分に、つねにストレスをかけているのです。

---

③アイ・アクセシング・キュー
意識が視覚や聴覚、体感覚などにアクセスしているときの目の動きを指す。NLPの基本テクニックのひとつで、目の動きから他者の心理を読み取る際に用いられる。

椅子に深々と座ってけだるそうな人はセックスをしたがっている

身体の動作が感情を表す!
腕を抱え込む
自分を守りたい
腰が動かない
性的な気分になっていることを気付かれたくない
肩がすくみ、手のひらが上向き
受け身でいたい
体が硬い(♂)・背がまっすぐ(♀)
圧迫感による不安を和らげたい
深く座り、けだるげ
性的なことがしたい
落ち着きがない、上下動
無力感があり、援助をしてもらいたい
腕＝自己保身、足＝性的関心、胴体＝不安を表すことが多い

ちょっとした足のしぐさが異性への関心を物語る

椅子の座り方で、その人の心理状態がわかるというのは、よくいわれることです。一般に、浅めに椅子に腰をかけているとき、その人はやや緊張している状態であるとされます。仕事の席や、恋人との初デートなどでよく見られる姿です。

反対に、深めに椅子に腰かけている場合、それはかなりリラックスした状態ということができます。友人や、親しい異性とくつろいで会話しているときなどに見られる姿です。

このように、心理学の世界では、姿勢やしぐさからその人の心理状態を読み解くといった試みが再三行われてきました。中でも心理学者アーガイルはいくつかの研究を通し、腕・足・胴体が形作る特定の姿勢やしぐさが、ある感情を表出させるというデータを発表したのです。

たとえば、腕を抱え込んだ状態は自己防衛を、硬く胴を縮めている様子は身体を損なうことへの恐れを表すといったものです。言われてみると、思い当たることがあるのではないでしょうか。

このように腕の動きは自己保身にかかわる傾向が強いとされます。感情は腕だけでなく足にも表れます。足のしぐさが物語るのは、多

---

①性的抑制
性的な欲求や、そうした欲求がセックスアピールとして表れることに対してかかる心理的なブレーキ。

②援助要請
基本的には、助けを求めるといった文字通りの意味だが、アーガイルの例では置かれている状況から逃れたいという気持ちの表出と考えることができる。たとえば、親に長々と説教されているとき、そのシチュエーションから一刻も早く抜け出したい、誰か何とかしてくれという気持ちが、上下運動や落ち着きのなさといったジェスチャーに表れているというような意味。

くの場合、異性への関心です。座っているときに女性が足の交差をわざと露わにしているのは、誘惑的な気持ちになっている証拠です。明らかに男性の目を意識したしぐさですね。

ところが、足を膝のところで交差している場合は、これも自己防衛の気持ちの表れとされるので注意が必要です。男女ともに、腰の動きが見られないときは、**性的抑制**（①）がかかっている状態とされています。

胴体（身体）には、主に不安に関連する心理状態が表れます。男性がこわばった硬い振る舞いをしている、女性が取り澄ましたまっすぐな姿勢を取っているのは、制縛的な不安にさいなまれているときです。体が上下運動するなど落ち着きのないしぐさを見せているときは、**援助要請**（②）や無力感の表れです。

もうひとつ、興味深いデータをお教えしましょう。あなたの前にいる異性が、椅子に深々と座ってけだるい様子を見せていたら、それはまさに性的衝動が表出しているとき。二人の関係次第では、セックスをしたがっているサインともいえます。そこから先は、あなたのリード次第です。

---

③観衆効果
会社勤めをしている人が、週末などに家に仕事を持ち帰ったとき、オフィスにいるときに比べて格段に仕事の能率が下がることがある。これは、他人の目がなくなったことが原因で、逆にいうとオフィスにいるとき仕事の能率が高まるのは、上司や同僚たちの目があるからと考えられる。これが心理学でいうところの観衆効果で、塾や予備校に通うことが、知識の単純な獲得以上に、学力向上に結び付くのも同様。プロのアスリートが、自分を見つめるたくさんの視線を自ら意識することでパフォーマンスを高めるのも同じ効果による。

カップルが路チューするのは人に見せて盛り上がるため?

恋愛ドラマや映画のクライマックスで、主人公の男女がキスをする。それも公衆の面前で、周囲に見せつけるようにするシーンは、もう定番といってよいでしょう。ただし、これをフィクションの中の出来事として片付けてはいけません。町中で人目をはばからずにキスをするカップルは、今や現実にいくらでもいるのです。

そもそも、これは異常な行為なのでしょうか。フランスに代表されるヨーロッパ各地、アメリカ、香港などでは、そのような光景を見るのは日常茶飯事です。町中でカップルが立ち止まっていきなりキスをしたところで、びっくりして足を止める人はほとんどいないでしょう。これが日本となると事情が違ってきます。

キスしているカップルがいるとつい目をやってしまう(もしくは、目を背けてしまう)。キスしている方も、他人の視線があることを意識している。双方、こうした心理状態が普通です。ここで見られる側の心理として働くのが**観衆効果**(③)です。

他者に見せることで互いの愛情を担保し、**コミットメント**(④)を高めているのです。ここが、ヨーロッパなどで見られる、純粋なコミュニケーションとしてのキスと違うところかもしれません。

---

④コミットメント
約束や義務といった意味で使われることが多いが、ここではキスする当事者同士の「かかわり合い」といったニュアンスで用いられている。

植木理恵の
すぐに使える
行動心理学

CHAPTER 2
相手の心理を見抜く

名前を呼んでもらえないのは相手に嫌われているから!?

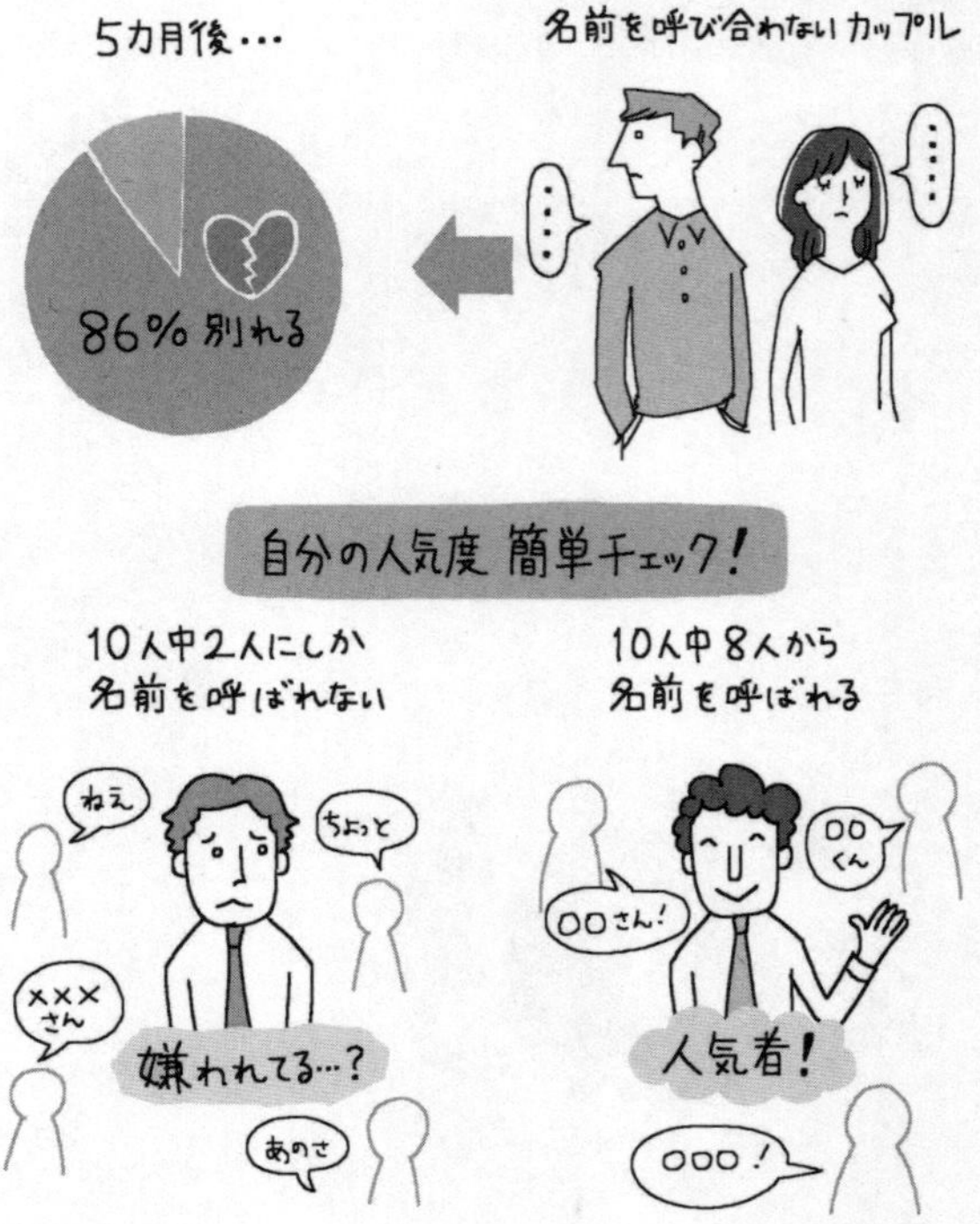
5カ月後…
名前を呼び合わないカップル
86%別れる
自分の人気度 簡単チェック!
10人中2人にしか
名前を呼ばれない
ねえ
ちょっと
×××
さん
嫌われてる…?
あのさ
10人中8人から
名前を呼ばれる
○○
くん
○○さん!
人気者!
○○○!

好意を持っている相手は自然に名前を呼びたくなる

あなたは、周りの人から名前を呼ばれることが多いですか？　それとも、名前を呼ばれずいきなり用件だけ話しかけられることが多いですか？

こちらが相手を好ましく思っていても、相手が同様に思ってくれているかどうかはわかりません。そこで、名前を呼ばれるかどうかが、相手が自分をどう思っているかの手掛かりとなります。

主語や目的語を省略①しても通じやすいのが日本語の特徴。したがって、相手の名前を省略しても、多くの場合、意味が通じてしまいます。とはいえ、話しかけてくる相手があなたに好意を持っているとしたら、名前を呼びたくないはずはありません。

好意を抱く相手の名前を口にしただけで快感情が生じた経験は、誰しも覚えがあるのではないでしょうか。

同時に、名前で呼びかけられた方も、自分が不特定多数の中のひとりではない、一個の人格として認められたようで、嬉しい気分になるものです。

呼ばれるのが姓なのか下の名前なのかでも、かなりイメージは違ってきます。言うまでもないことかもしれませんが、下の名前で

---

①主語・目的語の省略

世界中の言語には、主語を省略できるものとできないものがある。英語やフランス語、ドイツ語などは、原則としてすべての文に主語が必要とされる一群である。英語の場合、よく例に用いられるのが「It rains」で、「rains」だけで「雨が降る」という意味を持つにもかかわらず、「It」という形式主語を置かなければならない。ただし、会話（口語）の中では、意味が明白であれば、省略が行われるケースもある。一方、イタリア語やスペイン語は、動詞の形態から主語の人称が推定できるので、主語が代名詞の

呼ばれる方が、より相手との関係が親密なイメージがあります。

たとえば、あなたの友人関係を思い返してみてください。姓で呼び合っている相手とは、名前で呼び合っている友人と比べて、やや距離感を覚えませんか。

これが異性間では、より顕著な違いとなって表れます。最近はいくらか変わってきているようですが、よほど親しい関係になっていない限り、今でも異性同士は姓で呼び合うケースが多いのではないでしょうか。そういう状況で、これまで姓で呼んでいた相手に対し、あるとき名前で呼びかけることは、親密さを増したいというサインにもなります。

恋人たちが別れた瞬間、相手を名前で呼びづらくなる心理を想像してみてください。下の名前で呼び合うのが親密さの表れということを、改めて理解していただけるはずです。

別れるカップルは互いを名前で呼ばない!?

カリフォルニア大学（②）のチャールズ・キング博士による、興味深い報告があります。

博士が55組のカップルを対象にリサーチしたところ、お互いに相

場合には省略が許される。日本語やラテン語などの言語は、文脈から明らかであれば、主語にとどまらず目的語の省略も可能である。

②カリフォルニア大学
アメリカでも最大規模を誇る州立大学。カリフォルニア州オークランドに本部を置き、もっとも古い歴史を持つバークレーを筆頭に、ロサンゼルス、サンディエゴなど、10のキャンパスを有する。国会図書館に次ぐ蔵書量の図書館群に、研究機関も充実しており、これまでに20人を超えるノーベル賞受賞者を輩出した。

手の名前を呼び合わないカップルのうち、実に86パーセントが調査から5カ月間のうちに別れていたというのです。

相手の名前を呼ぶことが親しさを表す、愛情を確認し合うきっかけになるとしたら、その機会を放棄することは、愛情を放棄することにもつながるということなのでしょうか。

試しに、あなたが一日のうち、どれくらいの割合で名前を呼ばれているかカウントしてみてください。

もちろん、周囲が知らない人ばかりでは意味がありませんから、職場や学校など知り合いの多い場所で確認してみましょう。親しさの表れとして用いられるなら、名前でなく**ニックネーム**（③）でもかまいません。

ここで、たとえば10人のうち7～8人の割合で名前を呼ばれたとしたら、あなたはきっと周囲の人々と良好な人間関係を築き上げているに違いありません。一方、これが2～3人となると、自分の態度に何か問題がないか反省してみる必要があるでしょう。

ひとりも名前で呼んでもらえなかった人は、かなり深刻です。根本的に対人関係がうまくいっていない証拠ですから、今すぐにでも改善の努力を始めないと、今いる職場もしくは学校は、あなたにとってこの先、とても息苦しい場所になってしまうかもしれません。

---

③ニックネーム
英語のような規則性はないが、日本でも「木村拓哉」を「キムタク」、「新垣結衣」を「ガッキー」というように、ニックネームの付け方は本名からの派生が基本である。交友関係の発展段階では、ニックネームで呼ばれるようになることが、親密さが増した目安となる。

遠く離れて座られると嫌われている可能性あり

好きな場所に椅子を動かしてよいと言われると…
近い
気楽な人
ちょっと苦手な人
遠い

★相手の姿勢でわかる気持ち
おもしろい話だなあ
嬉しいなあ
ずっと一緒にいたいよ
つまらない話だなあ
部屋の温度が合わないよ
早く帰りたいなあ
身を乗り出している場合
身を引いている場合

2人の間の物理的な距離は心理的な距離に比例する？

電車やバスの中で、隣にコワモテの人や不潔な格好をした人が座ったとき、思わず反対側に身を寄せてしまったことはありませんか。会社の宴会で、近くに苦手な上司や同僚が座ったとき、思わず椅子を引いてしまったことはありませんか。人は本能的に、苦手意識のある人、嫌悪感を抱かせる対象から距離を取ろうとするものです。これは虫が苦手な人が、虫を見て思わず後ろに飛びのいてしまう心理と同じです。その虫に害があるかどうかは関係ありません。**生理的嫌悪感（①）**が、その人を動かしているのです。

このように、心理的距離が物理的距離に比例するものなら、目の前にいる人とあなたとの物理的な距離を測ってみれば、互いが相手にどんな感情を持っているかわかるということになります。カリフォルニア大学のデール・ロット博士が行った実験は、まさにこの考えを実証するものでした。

ロット博士は2人の被験者に対し、事前に好きな位置に椅子を動かしてかまわないと告げた上で、互いに向き合っておしゃべりをさせたのです。すると、気楽に話せる相手の場合は椅子を近付けたのに対し、苦手意識のある相手の場合は椅子を後ろにずらす人が多く

---

①生理的嫌悪感
汚れている、見た目が不快だといったように、生理的に受け付けないものに対して生じる嫌悪感。生理的とあるが、本能から発するものだけでなく、社会規範や経験が生じさせるものもある。

②パーソナル・スペース
4つのゾーンを以下に詳述する。まず、「密接距離」は、45センチ以内とされる。容易に身体的接触を行いうる距離なので、このゾーンに立ち入ることが許されるのは、恋人や家族、ごく親しい友人に限られる。「個体距離」は45センチ～1・2メートル。手を伸ばせば届く範囲で、友人など

見られました。

以上のことを踏まえると、もしあなたの前に座っている人があなたに好意を持っているなら、おそらくテーブルにお腹が密着するほどに身を乗り出してくるに違いありません。

反対に、あなたが嫌われているなら、相手は椅子を引いて距離を取ろうとするでしょう。仲間うちでは、嫌いだからといってそこまで露骨なアクションを見せる人は少ないと思いますが、当事者であるあなたには、意識していればそうとわかるはずです。

相手が身を乗り出す、もしくはそのようなスタンスを見せている場合、まず間違いなくその人との間に良好な関係を築くことができます。それがプライベートの場で、相手が異性だとしたら、恋のきっかけになりえますし、ビジネスの場であれば、きっと商談はうまくいくことでしょう。

相手が椅子を引いたり、上体をそらしてあなたから少しでも離れたいという素振りを見せたときは、残念ながら緊密な関係の構築には高い壁が立ちはだかっていると考えるべきです。相手を恋愛やビジネスのパートナーにしたいなら、相当な困難が予想されるだけでなく、ただその場を盛り上げるといっただけでも、ひと工夫もふた工夫も必要になってきます。

とリラックスして会話するときのゾーンだ。「社会距離」は1・2～3・5メートルで、会社の同僚や商談相手、宅配便の配達員などと会話をするときの距離。これくらいになると、表情は見えても身体接触はまず起こりえない。「公共距離」は3・5メートル以上。社会的に地位のある相手と公式な場で対面するときの距離で、講演における講演者と聴衆のように、多人数を相手にやり取りする距離でもある。

③内向的・外向的
心理学者のユングは、主観的にものを考え、関心が自分の内側に向かう気質を持った人を内向的、外的事実を基

パーソナル・スペースが測る目の前の相手との親密度

心理的距離が物理的距離に比例することを、心理学的に説明する「**パーソナル・スペース（②）**」という概念があります。これは、人それぞれが持つ心理的な縄張りのことで、端的に言うと、他人が侵入すると不快感を覚える空間のことです。

パーソナル・スペースの広さは、必然的に相手との心理的な距離によって異なり、関係が親密な順＝範囲が狭い順に、密接距離（インティメットゾーン）、個体距離（パーソナルゾーン）、社会距離（ソーシャルゾーン）、公共距離（パブリックゾーン）の４つに大別されます。

パーソナル・スペースは、一般に**外向的**な人ほど狭く、**内向的**な人ほど広くなる傾向があります**（③）**。また、ウソをついているときは、後ろめたさも手伝って通常より広がるケースもあるようです。相手のパーソナル・スペースを的確に把握することは、対人関係では特に重要な意味を持ってきます。

物理的距離の取り方を見て相手の好意のほどを判断することとともに、コミュニケーションをスムーズにするためには必須の知識といえるでしょう。

準に客観的にものを考え、関心が自分の外側に向かっている人を外向的と定義した。内気な人を内向的、話題豊富で社交性のある人を外向的というが、これは元来の気質が行動として表出したものにすぎない。

身長を低く見積もるのは相手を見下している証拠!?

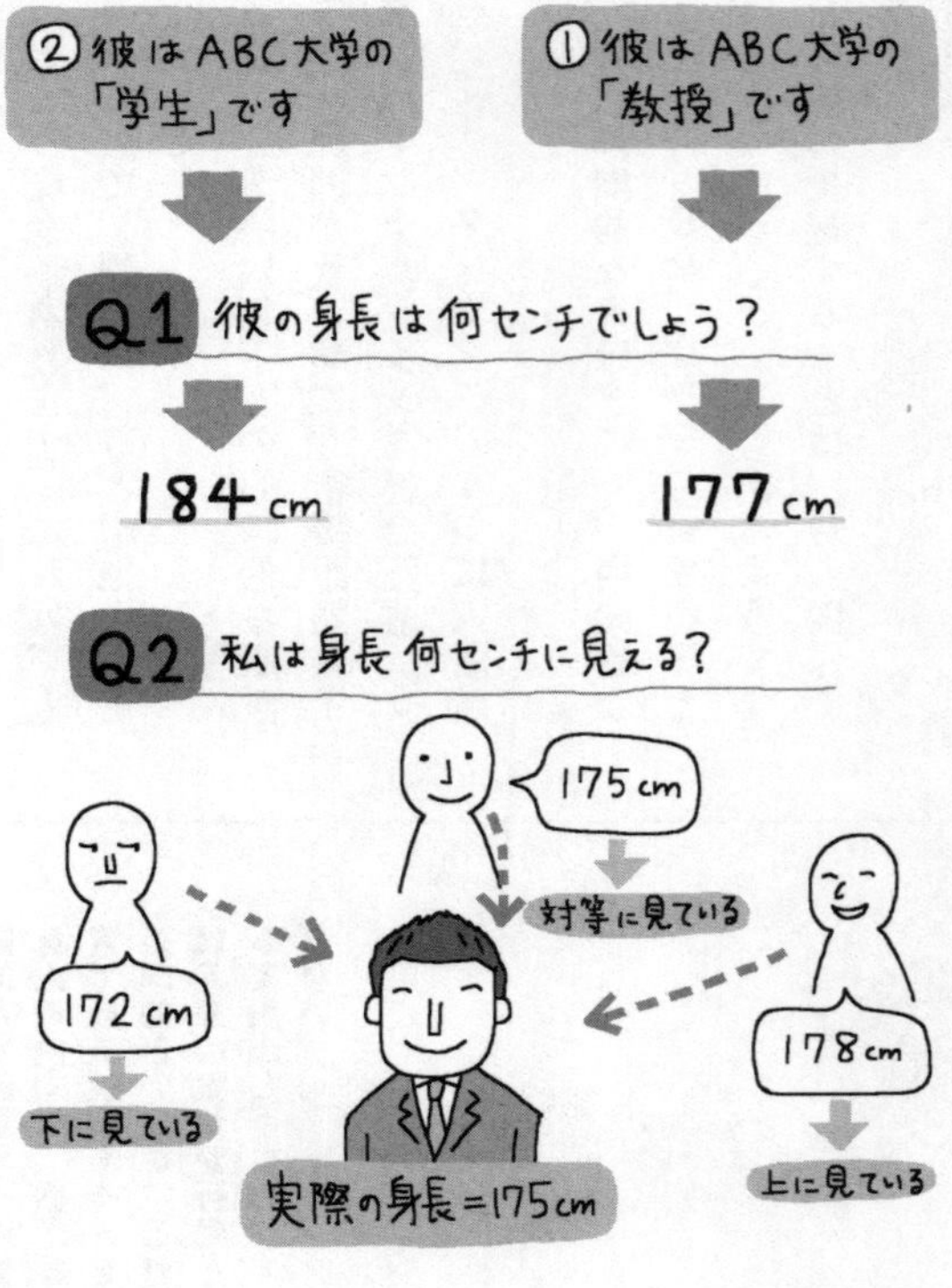
②彼はABC大学の「学生」です
①彼はABC大学の「教授」です
Q1 彼の身長は何センチでしょう?
184cm
177cm
Q2 私は身長何センチに見える?
175cm
対等に見ている
172cm
下に見ている
178cm
上に見ている
実際の身長=175cm

肩書きひとつ違うだけで推定身長も大きく変わる！

初めに、**オーストラリアン・ナショナル大学（①）**のポール・ウィルソン教授が行った、ある実験を紹介しましょう。

あるとき、ウィルソン教授が、ひとりの人物をゲストとして教室に招き入れました。そして、講義に参加している学生たちに対して、その人物が**ケンブリッジ大学（②）**の「教授」であると紹介しました。

その後、彼が立ち去った後で身長がどれくらいだったか学生たちに質問したところ、184センチというのが平均的な回答でした。

教授は次に、別のクラスに同じ人物を招き、今度は彼をケンブリッジ大学の「学生」と紹介しました。そして、今度も同じように彼の身長を尋ねたのです。驚いたことに、返ってきた答えは平均して177センチというものでした。

同じ人間でも、肩書きひとつで相手の受け取る印象が変わってしまうことが、**権威を引用（③）**したこの実験で確かめられたのです。

生徒たちは、ケンブリッジ大学の教授という権威を心理的に上に見ており、その結果が身長の推定にも反映されたのです。

---

①オーストラリアン・ナショナル大学
オーストラリアの国立大学で、首都キャンベラにある。南半球を代表する大学で、特に研究リサーチの分野で高い評価を得ている。

②ケンブリッジ大学
イギリスのケンブリッジにある総合大学で、ライバルのオックスフォード大学と双璧を成す、世界的に見ても名門校。したがって、名称自体が世界に通用するブランドとなっており、ウィルソン教授が実験で引用した「ケンブリッジ大学の教授」というのは、特に欧米人にとっては、日本で「東京大学の教授」という以上の重みを持っ

実際と推定の誤差が大きいと明確な上下関係がある？

ウィルソン教授の実験は、日常生活にも応用が利きます。ある人が自分のことをどう思っているかを知りたいとき、相手に自分の身長を推定してもらうのです。

たとえば、あなたの実際の身長が170センチだとします。そこで、相手の答えがこれより低かったとしたら、残念ながらあなたはその人に見くびられていると考えるべきです。反対に、170センチより高い数字が返ってきたとしたら、相手はあなたのことを尊重しているとみなすことができるでしょう。

このとき、実際の身長との差にも着目します。誤差が少なければ、相手はある程度誠実に答えてくれたと考えることができます。誤差が大きいときは、相手があなたとの間に明確な上下関係を意識しているケースがほとんどです。

身長を実際よりかなり高く見積もる裏には、あなたを尊重すべき対象とみなす心理が隠されています。逆に身長を低く見積もるのは、あなたを見下す心理からくるものです。

もちろん、以上は基本的な考え方にすぎません。実際の場面では、様々な理由から心理的な操作が行われ、最初の印象が少なからず修

ている。チャールズ・ダーウィン、フランシス・ベーコン、アイザック・ニュートン、スティーヴン・ホーキングなども同大学の卒業生である。

③権威の引用
通信販売などで、「○○大学の教授」といった肩書きを持つ人物が推薦の言葉を寄せていると、実際の品質を問うまでもなく、その品物が素性の正しいもののように思われてくる。いわば「箔ヅケ」だが、このように人間は本来的に権威に対してなびきやすい性質を持っているため、権威の引用はビジネスの現場に限らず、あらゆる場面で見ることができる。権

正されるのが普通です。一例を挙げるなら、数字そのものが持つ意味合いもそうです。

たとえば、身長が172センチの人が171センチに見られてもさほど腹は立ちませんが、171センチの人が170センチと言われると、少なからずムッとするはず。日本人の男性の平均身長は171センチ弱ですから、これを下回ることを嫌う心理が働いた結果です。

このあたりの心理は質問を受ける側にも理解できるため、パッと見の印象が平均身長に近い人に対しては、その人を傷つけたくない場合、171センチを数センチ上回るよう、文字通りゲタを履かせた数字を答えるとよいでしょう。ここで、平気で低い数字を口にするようなら、よほど相手をバカにしている証拠です。

似たような心理は、160、170などといったキリ数字を境にしても働きます。

男性にとって、170という数字は平均身長以上に重いもの。あなたが170センチをわずかに数ミリ上回る身長だった場合、質問を投げかけた相手が平気で170センチを大きく下回る数字を挙げてきたら、その人はとんでもなく鈍いか、あなたを相当見下していると考えられます。

威者の名前や言葉を聞くことで、内容に説得力が増すため、評論などでもテクニックのひとつとしてよく用いられる。「タレントの○○も使っている」「創業○○年」も権威を引用して箔ヅケを行っている例。

相手の女性の食が細いと好かれている可能性大

相手が満足しているかは食事の進み具合で判断!

取引先への接待など、人間同士が絆を深めるのは食事の場が一番。ただしこのとき、相手が不快感を持っていたら逆効果です。

食事中の相手がどのような心理状態にあるのか読み取るには、どうすればよいのでしょうか?

南アラバマ大学のクリステンセン博士らは98人の大学生を集め、半数の学生には幸せな場面を、もう半数の学生には悲しい場面を想像させる実験を行いました。続いて彼ら全員にお菓子やお肉などの食事を摂らせたところ、彼らの食欲は左記グラフのように示されたのです。

悲しい想像をした人の方が、幸せな想像をした人よりも半分以上低い値を示したことがわかります。つまり人は不快になると、食欲が低下する傾向にあるのです。

ただし食欲の低下は、別の心理状態の場合でも起こり得ます。それは気になる相手といるとき。心理学者のプリナーとチャイケンによる実験で、女性は男性と一緒に食事を摂る場合、相手が女性のときより無意識に食べる量を減らす

幸せ気分と食欲は比例する！

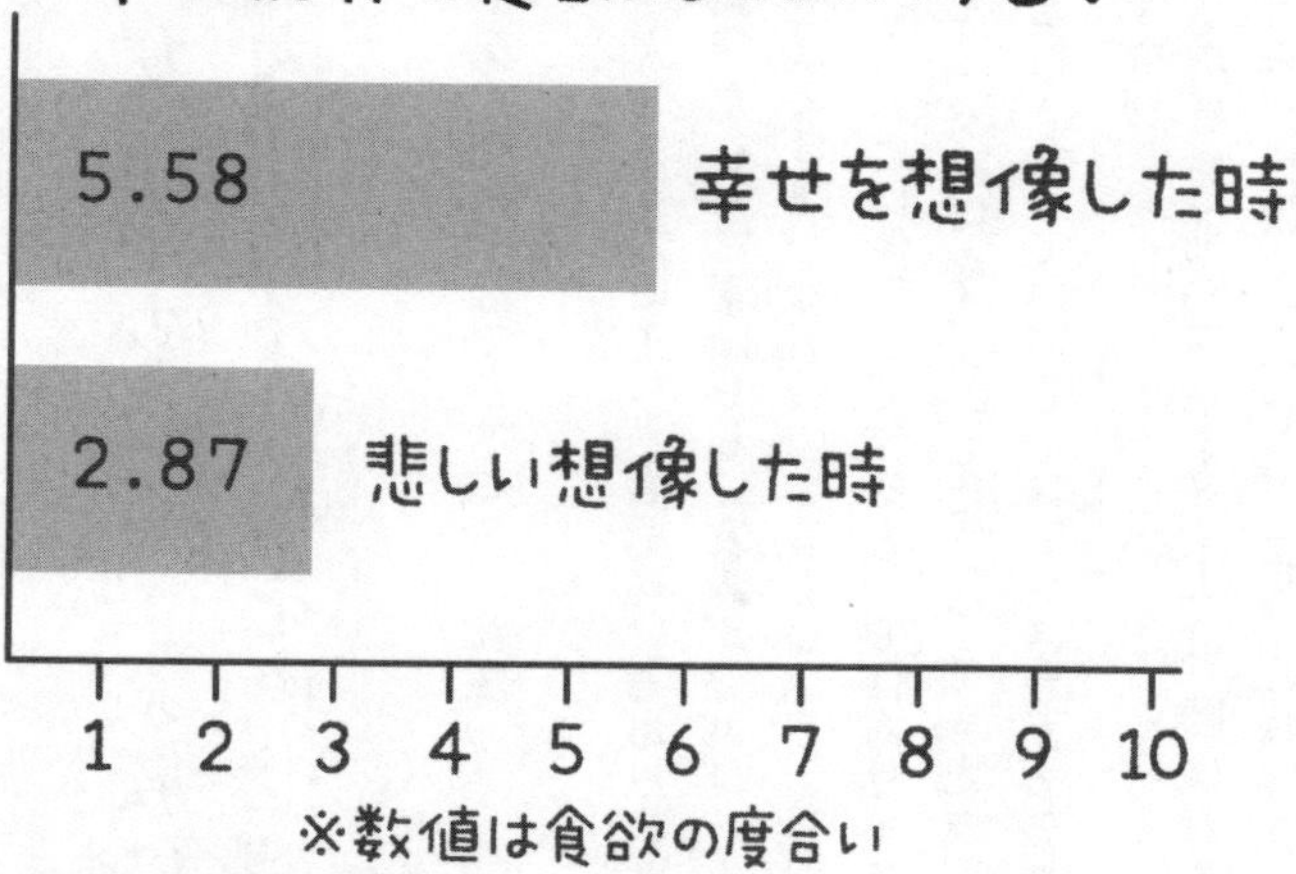
5.58
幸せを想像した時
2.87
悲しい想像した時
1
2
3
4
5
6
7
8
9
10
※数値は食欲の度合い

©2006 Christensen, L. & Brooks, A.

ことがわかったのです。

さらにその男性に魅力を感じている場合、食が細くなる傾向は顕著になりました。これは気になる男性に対して自分の姿をよく見せようとする行為で、**印象操作**（①）と呼ばれます。

①印象操作
相手への印象をよくするため、自分の能力を高く印象づけるためなど、様々な理由から人が無意識に行っている演技のこと。一見すると姑息な態度にも思えるが、サラリーマンが社内と社外で微妙に物腰を変える場合のように、人間はあらゆる状況に応じて印象操作を行っている。実際の自分よりもよい自分を「見せる」だけでなく、都合の悪い自分の姿を「見せない」のも、同じく印象操作に含まれる。

お悩み相談室

今回のお悩み

「友達が少なく、家族にも『内向的な性格を直せば？』といわれます」

友達をだます敵フレネミーに注意

人のあり方に正しさも間違いもありません。たしかに素晴らしい友人がいれば、人生はより豊かなものになるでしょう。しかし友人とは無理して作るものではありません。「友達になろう」と思ってできた友達と付き合っていても、ストレスがたまるだけです。

実は最近、「フレネミー」と呼ばれる用語が話題になっています。これは友人（friend）と敵（enemy）を合体させた造語。その名の由来通り、友達のふりをした敵のことを示します。

表面上は仲よく振る舞っていても、内心では密かに相手の不幸を願っている。あるいは相手の失敗にほくそ笑んでいる。そのような存在です。友人になっても得られるものはありません。やはり友人ができるかどうかよりも、日々を気持ちよくストレスフリーで生きることの方が大切です。

さて、相談者の悩みの中に家族から「内向的だ」と性格を否定的に指摘された旨が記されています。しかし内向的というのは、果たしてそんなに悪いことでしょうか？

　どちらかといえば、一般的なイメージが悪すぎるのではないでしょうか。内向的な人というのは、物事の価値を自分で決める力を持っている人のことです。単なる消極的な性格とは違うのです。自分の価値基準に従って生きているから、そう簡単には他人の言葉に賛同しませんし、人からは「難しいやつ」と思われるかもしれません。

　つまり自分のことを自分で肯定できる人のことなのです。

内向的であることは自分の価値観を持っている証拠です

　他人の言う意見に合わせて自分をコロコロと変える軽薄な人よりは、よっぽどよいでしょう。

　ただしひとつアドバイスがあるとすれば、あまり何でもかんでも白黒つけようとするのはやめた方がいいということです。自分の価値基準を外部にも当てはめようとするのはやりすぎです。物事に白黒をつける人はストレスをためがちであることが、心理学的に明らかになっています。

　おおらかにすごしましょう。

一人称を多用する男性は相手の女性に気がある!?

★ セリフから好みがわかる!?
オレとどっか行かない？
オレは仕事忙しいんだ
オレが注文するよ
オレはビールが好き
(主語なし) 飲みに行かない？
最近 忙しくて…
何か注文しよう
ビール おいしいなあ
お気に入り
特に
興味ナシ

一人称を多用して積極的に自分を売り込む！

意中の人から食事に誘われたとします。それにはどういう意図が隠されているのか、とても気になるところです。相手も自分に気があるから誘ってくれているのか、それともただの友人として見られているのか……。

もちろんその答えを知るためには、相手に直接尋ねて確認するのが一番ですが、自分の勘違いだったらどうしようと考えると、なかなか切り出せないものです。こういうもどかしさは、誰でも経験があると思います。

直接尋ねなくても、相手が自分に気があるのかどうかを確認する方法はあるのでしょうか。実はあるのです。そのヒントは、何気ない日常会話の中に隠されていました。

冒頭の例を使って解説しましょう。あなたが女性だったとします。職場や学校などで、2人の男性から食事に誘われた際、

「一緒にご飯でも食べに行かない？」

と言ってくる男性と、

「〝オレ〟と一緒にご飯でも食べに行かない？」

といってくる男性なら、どちらの方があなたに対して、強いアピ

---

①一人称
「私は」「オレは」「僕は」といった自分自身を指す主語のこと。一人称を使うときは、自分のことを強調するときか、自分自身の話をするときが多い。好きな相手の気を引くためには、自分の魅力を伝えたいという欲求に駆られるので、どうしても一人称を多く使ってしまう傾向がある。

②一人称の多用
恋人関係になる以前は、一人称を多用して自己アピールをするものだが、恋が成就してしばらくすれば、一人称をあまり使わなくなる場合がある。常に恋人と時間を共にしていれば、自分自身のことを話す

ールをしているといえるでしょうか。もちろん**一人称（①）**を入れてくる後者です。こちらの男性はあなたに対して、「自分」と一緒に食事をすることを強調しています。

つまり、積極的に自分を売り込んでいるということになります。自分を売り込むということは、相手に自分のことを知ってもらいたいという気持ちの表れです。その気持ちは当然、相手に対する好意からくるものです。

結論を言ってしまうと、意中の人があなたに対して**一人称を多用（②）**してくる場合は、あなたに気があるといえるでしょう。逆にあなたとの会話で、相手がまったく一人称を使わない場合は、残念ながらあなたに気がないということになります。

一人称を使えば内面や心情を表現しやすい

特に男性の場合は、好きな女性に対して一人称を多用する傾向にあるということがわかっています。これは1991年にアメリカの心理学雑誌で発表された論文によって、科学的に証明されました。一人称を多用することで、無意識のうちに自己アピールをしているというわけです。

必要性がなくなってくるためと考えられる。これは、出会ったときの燃えるような恋愛感情が冷めてきたともいえるが、安定期に入ったともいえる。いつまでも燃えるような感情を持っていたいのであれば、ある程度はお互いが自分だけの時間を確保して、「この間〝オレは〟」「そういえば〝私は〟」と一人称を使える環境作りをするのが大切。

③合コンの楽しみ方
合コンとは男女が出会う目的で行うパーティだが、注意深く観察していると、特定の男性が特定の女性だけに一人称を多用していることがわかる。本文でも

どうして一人称を多用することが、自己アピールにつながるのでしょうか。それは一人称を使えば、自分の内面や心情を表現しやすく、相手に理解してもらいやすいからです。たとえば、男性が好きな相手の気を引こうとするときの会話は、こんな感じになります。

「〝オレ〟の職場にこんな人がいて……」

「〝僕〟の大好きなミュージシャンの……」

このように会話の中に一人称を盛り込むことで、自分の生活環境や趣味のことを相手に伝えようとするのです。

一方、一人称を使わない場合は、だいたい自分以外の話をしているときです。

「〝あいつ〟がおもしろいことを言っていて……」

「〝あの子〟って最近こんなことにハマっていて……」

こういった話が多い場合、自分がどんな人間なのかという自己アピールをしていないことになります。つまり、あなたが食事に誘われたとしても、ただの友達か同僚にしか思われていない可能性が高いのです。

この心理分析を知っていれば、**合コン**などで誰が誰に気があるのかが簡単にわかります。自分に気がある人をいち早く見つけて、恋の駆け引きを**楽しみましょう**（③）。

述べたように、これはその男性が、一人称を多用している相手に気があるということなので、後でこっそり教えてあげればキューピッド役にもなれる。

相手の肩が斜めに落ちていたら好意を抱かれている！

好きな女性のことを想像してください
姿勢の崩れ＝好意
※女性の場合は嫌いな人を想像すると肩が下がる
こんな場合はあなたに好意あり！
歩行中
体をあなたに向けて歩く
カウンター席
顔をあなたに向けて話す

好きな人のことを思うと気が緩んで姿勢が崩れる

98～101ページで、特に男性は好意を持っている女性に対して一人称を多用する、ということを紹介しました。何気ない会話の中に、好意を持っているかどうかのヒントが隠されているというわけです。しかしその方法だと、じっくり会話をしてみなければ、なかなか判断がつきません。

意中の人がいるのに恥ずかしくて自分から話しかける勇気がない。それでも相手の気持ちを知りたい……。そんな奥手の人に朗報です。なんと、じっくり会話をしなくても、相手が自分に気があるかどうかを簡単に判別する方法があるのです。

あなたが女性の場合、意中の男性を前にしたとき、彼の**姿勢**（①）を観察してください。

両肩が地面に対して平行になっていませんか。もし相手の男性の両肩がそうなっているのなら、残念ながら彼はあなたに対して、それほど好意を持っていません。むしろ、ある種の警戒心を抱かれている可能性があります。

そうではなく、どちらかの肩が下がっている場合は、おめでとうございます。彼はあなたに対して、好意を持っている可能性が高い

---

①姿勢
人間は自然と姿勢（ボディ・ランゲージ）で感情を出している。ブックエンド効果でも、視線だけを向けているか、顔だけを向けているか、あるいはつま先など体の一部か、体全体を向けているか、という点によって、相手のことをどれだけ気にかけているか、という度合いが推し量れる。

②アルバート・メラビアン
アメリカの心理学者。カリフォルニア大学ロサンゼルス校の名誉教授。主な研究は、相手と向き合った際のコミュニケーションによる感情の伝達。メラビアンは1971年に出版

といえるでしょう。

カリフォルニア大学の**アルバート・メラビアン**（②）という心理学者は、かつて次のような実験をしました。男子学生を複数人集めて、「あなたがとても大好きな人のことを想像してください」と言ったのです。

すると男子学生の多くは、不思議なことにどちらか一方の肩が下がりました。つまり、両肩が地面と平行ではなくなったのです。

肩が下がるということは、そこの力が抜けるということ。男性は好きな人を前にすると、気が緩むということでしょうか。もしあなたの前で男性の肩が下がっていたのなら、あなたが彼にとって、肩を張らずに自然体の自分をさらけ出せる相手、または警戒しなくてもいい相手、といえるのかもしれません。

ただし、この「好きな相手を前にすると肩が下がる」という現象は、男性のみに当てはまります。おもしろいことに、女性の場合では男性と正反対の結果が出ています。

女性の場合、好きな相手を前にしても、肩が下がることはありません。それればかりか女性は、「とても嫌いな人のことを想像してください」と言われたときに、肩が下がる傾向にあります。女性が嫌いな男性、または苦手な男性のことを想像すると、げんなりして姿

---

②した『非言語コミュニケーション』によって、人と人が直接顔を合わせるコミュニケーションには、3つの要素があると提唱した。それぞれ、「言語」「声のトーン」「ボディ・ランゲージ」である。彼によれば、言語が7パーセント、声のトーンや口調が38パーセント、ボディ・ランゲージが55パーセントの割合で感情を相手に伝えているとのこと。

③ブックエンド効果
ブックエンドとは本立てのこと。恋人同士が仲睦まじく身を寄せ合う様子を、ブックエンドに寄りかかる本を指して名付けた言葉だ

勢も崩れてしまうということでしょうか。

または、女性は好きな人の前では特に美しくありたいもの。当然どちらか一方の肩を下げるよりも、両肩をしっかりと張っていた方がきれいに見えます。大好きな男性の前だと肩を下げるどころか、無意識のうちに姿勢を正してしまうのかもしれません。

お互い好意を持っていれば自然と身を寄せ合う

ところで人間には、好きな相手を前にすると、自然と体をそちらに向けてしまう傾向があります。実際、仲のいい恋人同士は自然と身を寄せ合います。心理学では、これをブックエンド効果と呼びます。このブックエンド効果（③）によって、男性は好きな相手を前にすると姿勢が崩れやすいようです。

デート中に並んで歩いているときの男性は、女性に身を寄せるために体が傾いてきます。このとき相手の肩が下がりっぱなしなら、相手の男性はかなりあなたのことが好きだといえます。

「目は口ほどにものを言う」と言いますが、この場合は「肩は口ほどにものを言う」わけです。相手があまり愛情表現を言葉にしてくれなくても、肩がそれを表現してくれているのですから。

---

③ が、恋人関係以外でも使われる。たとえば好きな相手を意識してしまうばかりに、つい視線がそちらに向いてしまう、体をそちらに向けてしまうのも、ブックエンド効果のひとつ。

顔を見た瞬間、相手の眉間が動いたら嫌われている

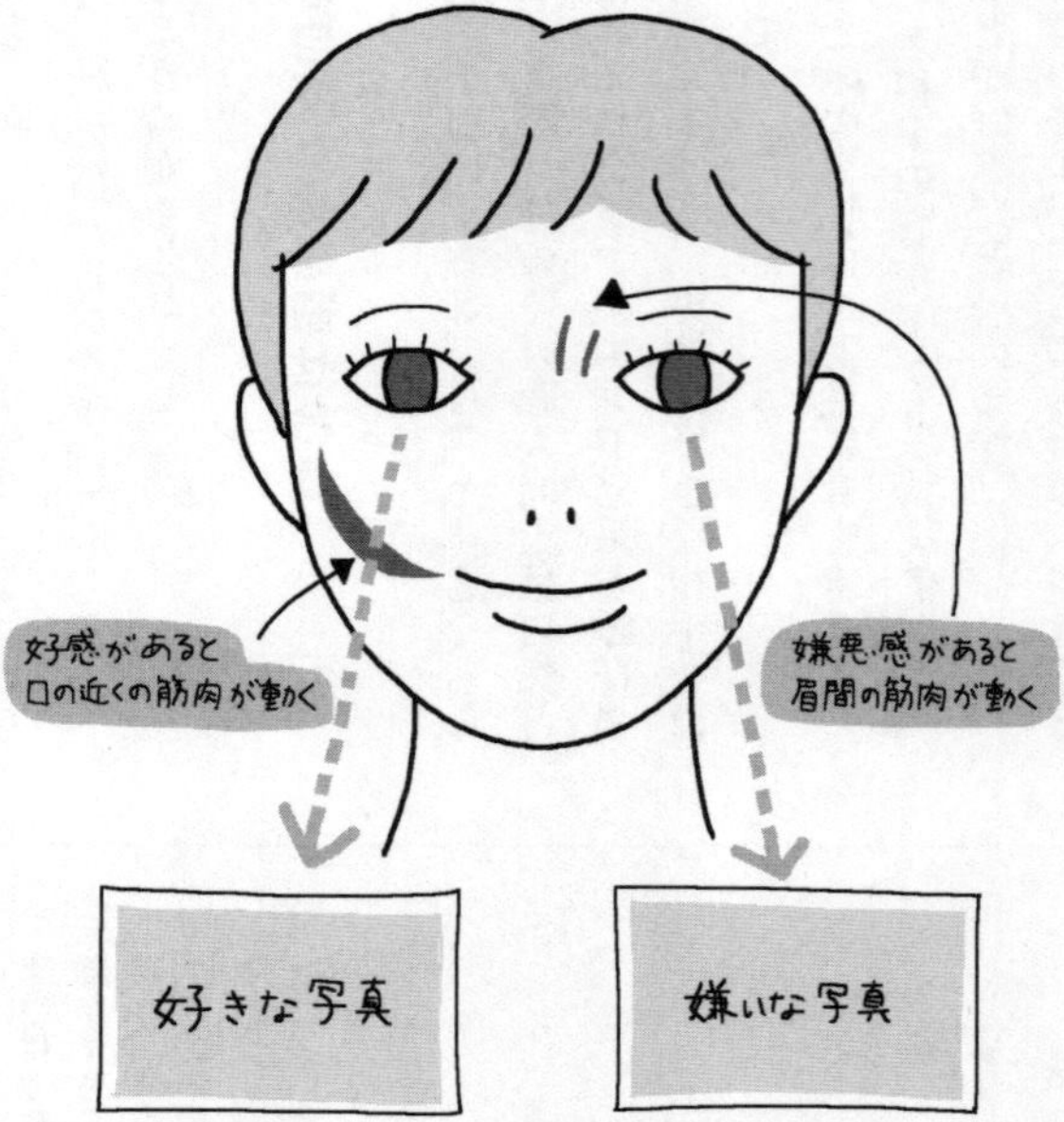
好感があると
口の近くの筋肉が動く
嫌悪感があると
眉間の筋肉が動く
好きな写真
嫌いな写真
表情を抑えても見た瞬間に筋肉は反応する

不快な思いをしたら眉間にしわが寄る

誰かと話をしているとき、自分の言動が相手を不快にさせていないかと考えたことはありませんか。純真無垢な子どもの頃は、相手も正直に怒っているかどうかを答えてくれるものですが、責任や立場を背負っている大人になると、どうしても感情を隠してしまいがちです。

不愉快にさせたまま話を続けると、配慮が足りないと思われてしまいます。かといって真っ正面から「不愉快だ」と言ってもらえることもあまりありません。むしろそれを言われてしまったら、もう手遅れでしょう。

ところで人間は、感情が顔に出るといわれるくらい、表情豊かな生き物です。笑顔を作れるのは人間だけ、という話を聞いたことがある人も多いと思います。これができるのは、**人間の顔の筋肉**（①）がそれだけ複雑だからです。

ポーカーフェイス（②）という言葉があるように、大人は表情すら隠す技術を持っていますが、人間の顔の筋肉は、すべて自分でコントロールできるほど単純ではありません。むしろ複雑すぎるあまり、無意識のうちに**表情の変化**（③）が起こります。

---

①人間の顔の筋肉
数え方にもよるが、人間には表情を作るための表情筋が、30種類以上もあるとされている。その中で実際に使われているのは、数十パーセント。

②ポーカーフェイス
言わずと知れたカードを使ったギャンブル「ポーカー」から生まれた言葉。ポーカーは相手に自分の手札を読ませないための心理戦が主になってくるので、感情を表に出さないことが勝利のカギである。ここから感情を消した表情全般を指すようになった。現代社会の大人は、得意不得意はあるが、みんなこの技術を身に付けている。

たとえばテスト勉強のために、難しい問題集に目を通したときのことを思い返してください。無意識のうちに、眉間にしわが寄っていませんでしたか。

また、悪臭を嗅いだときや、生理的嫌悪を催す模様を見たとき、さらには耳障りな音を聞いたときも、同じように眉間にしわが寄っていると思います。

今度は、好きな食べ物が目の前に出されたときのことを思い返してください。自然と微笑んでいるのではないでしょうか。好きな異性が目の前に現れたときも同様です。

このように、人間は無意識レベルで表情を作ることがあるのです。

意図的な表情よりも本心が先に表れる

カシオッポという心理学者は、次のような実験を行いました。まず被験者に対して、人や物など50枚のスライドを見せながら、どれが好きでどれが嫌いかを確認します。その後、被験者の顔に電極をつけて、もう一度同じ50枚のスライドを見せました。

すると、「好き」と答えていたスライドが提示されたとき、**頬骨《きょうこつ》筋《きん》④**という口と目の間にある筋肉が微妙に反応しました。逆に「嫌

---

③表情の変化
本文でも紹介した通り、無表情は意図的に作り出すものなので、無意識レベルの神経伝達速度を超えて表情を作り出すことはできない。嫌悪感や好感を抱いた場合は、わずかに変化が起こる。つまり本心がつかみにくい相手は、その変化の幅が少ないか、悟られないうちに素早く表情を作り出すことに長けている人といえる。

④頬骨筋
小頬骨筋と大頬骨筋に分かれている。どちらも唇の周辺に存在しており、筋肉の端が皮膚につながっている。小頬骨筋は上唇を上に引き上げる作用があり、

い」と答えていたスライドが提示されたときは、眉間にある**皺眉筋**《しゅうびきん》**(5)**という筋肉が反応したのです。さらにこれらの筋肉は、好き、嫌いの度合いによって、大きく反応することがわかりました。

筋肉が動くのは、当然ながら神経の伝達によるものです。分別のある大人は、どんな状況でもとっさに表情を作ろうとしますが、それは意識して行うものです。

しかしこれらの筋肉の反応は、無意識レベルの神経伝達によるものなので、そちらの方が速いのです。

噛み砕いて言えば、意図的に表情を作るよりも、本心の方がいち早く表情に表れるということです。

では、この現象を応用して、相手と話をしているときに、特に頬骨筋と皺眉筋を注意深く観察してみましょう。もしも、相手があなたに嫌悪感を抱いているようなら、わずかですが眉間が動くはずです。逆に好意を持たれている場合は、口の端が少し上がるでしょう。

相手がすぐに笑顔を作っても、その前にほんの少し眉間が動いていれば、それは不快にさせた証拠。素直に謝って話題を切り替えましょう。

これを知っていれば、相手の感情に合わせてコミュニケーションが取れるので、あなたは気配りの達人になることができますよ。

大頬骨筋は口角を外側に引き上げる作用がある。好感を抱いたときに変化が起こる。

⑤皺眉筋
眼瞼筋(がんけんきん)という目の周りの筋肉に含まれる筋肉で、頬骨筋と同様に筋肉の端が皮膚につながっている。主な作用は眉間にしわを作ること。嫌悪感を抱いたときに変化が起こる。

お悩み相談室

今回のお悩み

「失敗ばかりする部下の扱いに困っています……」

期待は成長の原動力、部下は叱るよりほめる

自分が新人だった頃のことを思い出してください。その頃は経験も浅く、当然失敗も多かったはずです。それは誰しも同じです。初めのうちの失敗はある程度仕方ないことなのに、上司であるあなたが怒ってばかりいては、「自分はダメ社員なのかな」とネガティブになって仕事への熱意がそがれてしまってもおかしくありません。むしろ積極的に部下を信頼し、成長を期待してあげましょう。

熱い期待をかけられると人は成長する。これは心理学の分野でも提唱されていることです。アメリカの心理学者ハーロックは、賞賛や叱責が学習効果にどのような影響を及ぼすか調査しています。

対象となるのは複数の小学生をランダムに分割した3つのグループ。グループは指導者からそれぞれ、①基本的に褒められる、②基本的に叱りつけられる、③ほとんど何も声をかけられないという3パターンの教育態度を取られることになりました。その上で、彼らに算数の問題を数日にわたって解かせたところ、なかなか興味深い結果が表れたのです。

第1のグループの生徒が継続的に成績を向上させた一方、第2のグループでは初めのうちこそ成績は向上したものの、その後は失速。さらに3番目のグループに至ってはほとんど成績に変化が表れなかったのです。

つまり人の成長を妨げるのは、何より「無関心」であり、さらに褒めなければ、十分な成長は望めないのです。

また、やはりアメリカの心理学者ローゼンタールらによる研究では、「この生徒は優秀だ」とウソの情報を教師に聞かせることで、結果的に生徒の成績が向上したという結果も残っています。

これは「この子はやればできる」と思い込むことで、教師の側も丁寧な指導を施すようになるからだと考えられています。

「自分の部下は秘めたる才能を持っているはず」と思い込んで教育すれば、部下の失敗も減少するかもしれません。

部下の能力を信じ、期待をかけてあげましょう

自分の発言後、相手が額をこすったら不快にさせている

様々な「なだめ行動」
額を手でこする行動
不快を感じている
喉もとに手を当てる
嘘をついている
(女性に多い)
頬や顔に触る
緊張をなだめている
頬を膨らませ ゆっくりと息を吐く
危機から逃れた後などに
自分を安心させている

気持ちを落ち着かせるため脳が体を動かしている

あなたが友人に話をしていたとします。そのとき友人が、忙《せわ》しなく自分ののどに触ったり、額をこすったりしていたら、落ち着きのない人だな、と感じるでしょう。しかし、この落ち着きのないように見える行動は、もしかするとあなたのせいかもしれないのです。

人間は話をする際、身振り手振りを交えることがよくあります。意識的にやっていることもあれば、無意識のうちに動いていることもあります。もちろん身振り手振りを交えるのは、その方が自分の感情を伝えやすいと実感しているからです（①）。

一度、意識的に体をまったく動かさずに会話してみてください。うまく言葉が紡ぎ出せなくて、もどかしく思うことでしょう。

言葉にしなくても、身振り手振りで感情を伝える行動を、**ノンバーバル行動**（②）といいます。

無意識のうちに身振り手振りを交えることで、言葉にし切れていない部分を行動で補っているわけです。冒頭のような落ち着きがないように見える行動も、ノンバーバル行動の一種です。のどに触ったり、額をこすったりする行為は、不快感を覚えたときに自然と出てしまう反応なのです。

---

①無言の言葉
言葉にしない気持ちを汲み取るためのコミュニケーションを非言語コミュニケーションという。これは脳の前頭前野の右側が司っている。反対の左側は言語コミュニケーションを司っている。携帯電話で話すときは、非言語コミュニケーションを司る前頭前野の右側がまったく動かない。つまり、言葉だけで相手の感情を汲み取ろうとするのだ。やはり直接会って話をした方が、気持ちは伝わりやすい。愛の告白も面と向かって言うのがベスト。

②ノンバーバル行動
ノンバーバルとは非言語という意味。つまり

嫌な経験や不快感、脅威などを感じるのは、当然脳です。こういったストレスを抱いた後の**脳（③）**は、通常の状態に戻ろうとするために気を鎮める行動、すなわちいら立った自分をなだめる行動を取るようにと、体の各部位に命令を出します。それがのどに触ったり、額をこすったりするという行動につながるわけです。この関係性は、ナップとホールという研究者が発見しました。

脳が命令を下すなだめ行動は、人間以外でも見られます。犬が自分の体を舐め回したり、猫が爪を立てたりすることもそうです。不快感を覚えて、体がそれを訴えているのです。

後ろめたさがあるとつい額に手が伸びる

人間のなだめ行動は多種多様です。赤ん坊が指をしゃぶる行為や、禁煙中の人が大きな音を立ててガムを噛む行為も、気を鎮めるためのなだめ行動です。はっきりとわかるものもあれば、細かすぎて伝わらないものもあります。

しかしなだめ行動は、必ず何らかの形で表れるものなので、それを見抜くことができれば相手の心の動きを察知することができます。いわゆる読心術にもなりうるのです。

言葉にしなくても相手に感情を伝える行動全般のことを指す。これは不快感を示すサインのほかにもたくさんの種類がある。好意を持っている相手に自然と触れてしまうボディタッチもそうだし、好意的な相手につい視線を向けてしまうことも同様。ノンバーバル行動の意味を知れば、相手の心の動きを読み取ることができる。

③脳
大きく分けて、原始的な脳といわれる辺縁系と、人間の進化とともに発達した新皮質系がある。辺縁系は記憶や自律神経の活動に関係している場所で、感情の動きを表に漏らす働

これを熟知している警察官は、犯人逮捕に使用することもあります。ある逃亡犯が母親の家に隠れたとき、警察官がその母親に尋問しました。

「息子さんはこの家にいませんか？」

すると母親は「いません」と答えながら、のどに触ったのです。同じような質問を何度もするたびに、やはりのどに触ります。この母親がウソをついていると断言することはできませんが、少なくとも警察官の尋問に不快感を覚えていることはたしかでした。早く尋問を終えてほしい、これ以上聞かれるとボロが出てしまう。相手がそう感じていると判断した警察官は、家宅捜索を行って犯人逮捕を成功させました。

額をこすったときも同じです。苦しいときや、焦っているときは、つい額に手が伸びてしまうものです。恋人がいる人は、相手に「浮気してないよね？」と尋ねてみましょう。もし向こうが否定しながらも額をこすれば、それはかなり危険信号が出ています。

何らかの後ろめたさがあって苦しんでいるか、嫌な話題なので話を変えたいと思っている証拠。それが露呈したときは、さらに質問責めにして同様のサインを見抜き、正直に白状させて謝らせましょう。

きもある。この部位が不快感を経験すると、体はそれに一致するノンバーバル行動を取る。怒りや恐れという感情も辺縁系から発生する。これらは身を守るために「逃げる」という行為につながるので、まさに生き残るための原始的な脳といえる。

声色によって相手に与える印象が変わる

男女別　声色が与える印象
高い声
優しそう、活動的
外向的な人
明瞭な声
おもしろい、
生き生きしている
ユーモアがない
活発そう
緊張した声
年長で頑固だ
若い、感情的だ

顔が見えなくても声で相手の心情がわかる

あなたの大好きなミュージシャンの歌があったとします。同じ歌を別のミュージシャンがカバーして歌うと、やはり受ける印象が大きく違います。原曲の方がよいと言う人もいれば、カバー曲の方がよいと言う人だっていることでしょう。

もちろんこれは、ミュージシャンの歌い方にもよるのでしょうが、やはり声質も大きく関係しています。好みの声質の人と話すのは心地よいものですし、苦手な声質の人と話をすると不快な思いをする場合があります。

このように人間は、**声**（①）の好き嫌いがあります。そんな声によって、その人の性格がある程度判断できると聞いたら驚くでしょうか。

アニメのキャラクターに声を当てている**声優**（②）を思い返してください。悪人を演じる声優は、ほかの作品でも悪人を演じることが多く、主人公を演じる声優は、やはりほかの作品でも同様のポジションのキャラクターに声を当てています。

これは、それぞれのキャラクターの性格に合う声というものが決まっていることの証明です。

---

①声
人間だけが声を発することができるのは、気管が喉頭の部分で直角に近い角度で曲がっており、音を細かく区切ることができるため舌を歯茎に押し当てる、唇の形を変えるなど、複雑な動きができることも要因のひとつ。オウムやインコは人語を真似て発声しているが、これは筋肉を伴った柔軟で厚い舌を動かして、音を細かく区切っているためである。しかし唇などを使えないため、完璧に真似ることはできない。

②声優
主にアニメや洋画の吹き替えなどを行うため、ボイスアクター（声の

人の声質は唇や声帯の形で決まるので、顔と同じく、生まれながらに決まっていることになります。生まれたときから自分の性格が決定付けられていると考えると不公平な感じがしますが、何も声質だけがその人の性格を表すというわけではありません。たとえばアクセントや口調がそうです。顔が見えない電話越しの相手でも、怒っているのか喜んでいるのかがわかるのは、これらの影響によるものです。

アクセントや口調などを含めた話し方は、社会で生活していく中で自然と培われていくものです。子どもたちは生まれ育った環境から、どのように発声していくのかを、自分の考えで選び取っていきます。そうなると、やはり声によって相手がわかるという話も納得できそうです。

実生活が粗暴な人は乱暴な言葉遣いになる

人間は相手がどんな声色を出したときに、どんな感情を持っているのか、ということを本能的に知っています。語気を強めてきたら相手が怒っている、声が上ずっていたら何か隠し事をしている、といった具合にです。

俳優）ともいわれる。まったく違う性質の声を出すことで、性別や年齢の役を演じることができる。声から受ける印象、イメージされる性格によって、似たような役柄に当てられる場合もある。

③男女の声
基本的に男性の声は低く、女性の声は高い。同じ人間だから発声器官の構造はほぼ同じはずなのに明らかに声質が違うのは、ホルモンの作用が大きい。ホルモンの分泌が少ない子どもの頃は男女ともに高い声だが、男性のほとんどは、第二次性徴でホルモンが増加すると声変わりが起こる。

人間が声色から受ける印象について、アディントンという研究者が調査を行いました。男女2人ずつが9種類の音声的特徴を使い分けて話し、聞き手が相手に抱いた印象を調べるというものです。

それによれば、音程の高い男性は優しくて美的に見えるという印象、音程の高い女性は明るく外交的という印象。はっきりした声で話す男性は生き生きとしていて高慢、女性の場合は活発だがユーモアがない。また、緊張した声色で話す男性は年長者で頑固、女性の場合は若くて感情が表に出ている、といった印象を受けたなどという報告が上がっています（③）。

同じ話し方をしていても、男女によって受ける印象が違うというのはおもしろい発見です。また、同性同士や異性同士でも、受け取り方は変わってきます。

しかし男女共に共通する印象もあります。アディントンの調査では、鼻声で話す人は男女共によい印象を抱きませんでした。

思い起こしてみると、実生活でも粗暴な人はたしかに粗暴な話し方をしますし、口調の遅い人はおっとりした性格の人が多いようです。

声によって相手に与える印象が変わるということが証明されているわけですから、なるべくそれを意識して話をすると、いい人間関係が築けるかもしれません。

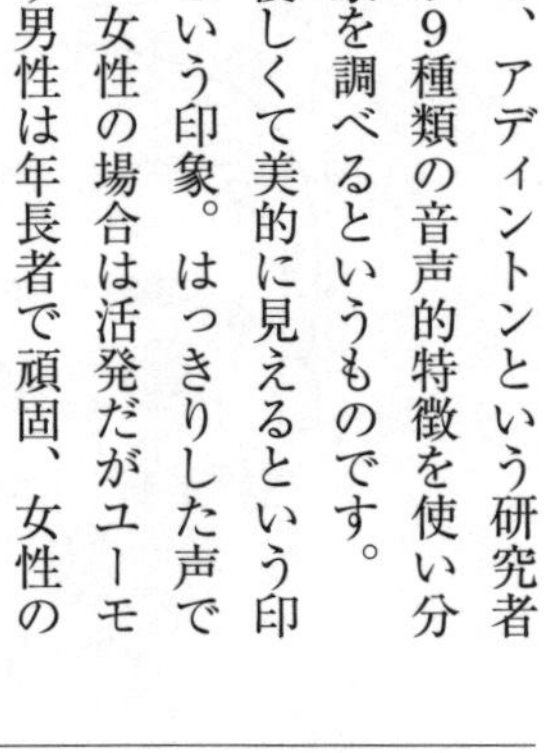

眉根が下がっていれば怒り、眉根が上がっていれば恐怖している

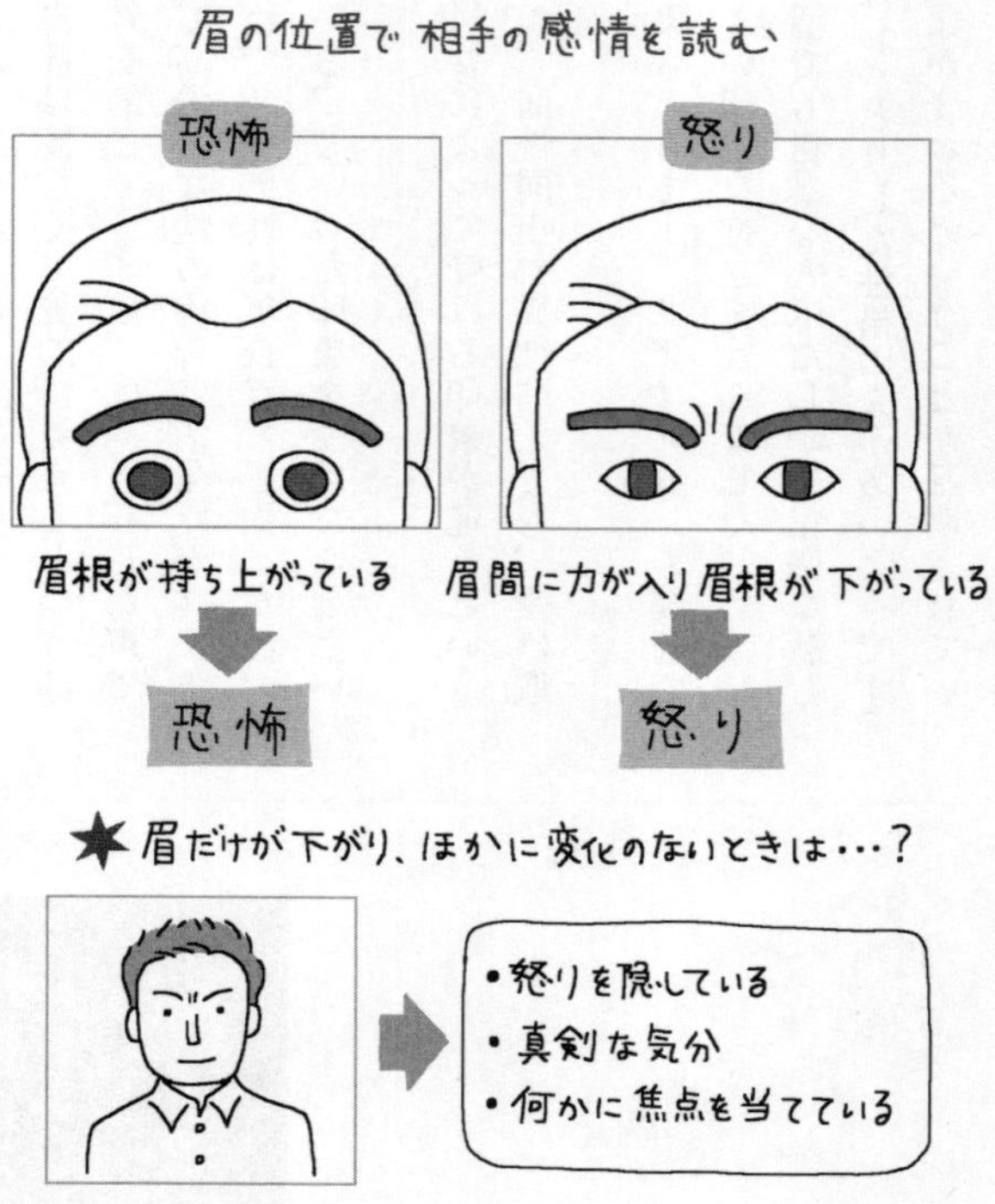
眉の位置で 相手の感情を読む
恐怖
怒り
眉根が持ち上がっている
恐怖
眉間に力が入り眉根が下がっている
怒り
★眉だけが下がり、ほかに変化のないときは…？
・怒りを隠している
・真剣な気分
・何かに焦点を当てている

表情を隠し切れず微妙に感情が漏れてしまう

107～109ページでもふれたように、顔の筋肉が複雑な人間は、感情表現がとても豊かな生き物です。それがやがて、分別ある大人になるにつれて感情を口や顔に出さなくなってきます。デート中の恋人や、一緒に遊んでいるときの友人の口数が減ったとき、「怒ってるの？」と尋ねても、「怒ってない」と否定された経験のある方も多いのではないでしょうか。こういうときは、明らかに怒っているのに、とこちらも首を傾げてしまいます。

ここであなたは、相手の何を見て「怒っているかもしれない」と感じたのでしょうか。相手の態度といえばそうなるのでしょうが、具体的に相手の何かを見て怒りを感じたはずです。

つまり、相手は怒りのサインを出したということです。あなたはそれを読み取ったからこそ、「怒っているのでは」と疑いを持つわけです。

怒りのサインはたくさんあります。苛立たしげに机を指でトントン叩く。肩を震わせる。語気が荒くなる。それよりも真っ先に目につくのは、やはり顔なのです。大人の人間は表情を隠しがちですが、微妙にそれが出てしまっています。

---

①**ポール・エクマン**
アメリカの心理学者。「20世紀の偉大な心理学者」に選ばれた。彼は表情から感情を解析するFACS（Facial Action Coding System＝顔動作記述システム）という方法を考案した。表情の分類と感情の関係性は、現在でも心理学や精神医学などで大いに活用されている。カウンセラーが患者の心理状態を読み取るために必要不可欠な技術である。

②**表情を読み取る**
人間は誰かに教えられたわけでもないのに、表情からその人物の感情を読み取ることができる。表情の特徴を誇

怒りの感情によって眉と眉間に変化が起こる！

ポール・エクマン（①）という心理学者がいます。彼は感情と表情の関係性を分析した先駆者です。

エクマンは現代社会から孤立した原始的な生活を営む部族の人たちに、怒りや喜びなど、いくつかの表情を撮影した人間の写真を見せました。それによって、部族の人たちが写真にある表情からどんな感情を読み取るのか、という実験をしたのです。

すると部族の人たちはみんな、エクマンが写真の表情から感じていた通りの感情を言い当てたのです。これによって感情からやってくる人間の表情は、文化などにかかわらず、全人類に共通しているものだと結論付けました。

エクマンが提唱した人類普遍の表情と感情の一致は、「驚き」「恐怖」「怒り」「嫌悪」「悲しみ」「喜び」の6つです。これらの感情は誰でも共通して、額、眉、まぶた、頬、鼻、口、あごといった顔のパーツに一定の変化をもたらします。

人間は本能的に、それらのパーツが形作る表情と感情の関係性を知っているということになります。

だからこそあなたは、デート中の恋人や、一緒に遊んでいるとき

張して描くマンガでは、怒っているキャラクターの眉は付け根がやはり下がっており、全体的に極端な斜めになっている。もちろん実際の人間は、これほど極端な表情の変化を起こすわけではないのだが、それを見るだけで怒っていると認識できる。もちろんこれも、エクマンの写真の実験と同じで人類が共通して受け取る感情である。

③表情を作る
エクマンによれば、表情は心の中で生まれた感情を投影するものではなく、心の中そのものが表情なのだという。彼は表情と感情の関係性を調べるために、自分で眉を上げたり下げ

の友人の**表情の変化を読み取って**（②）、「怒っているかもしれない」と感じるわけです。

怒りの感情によって明確に変化する顔のパーツは、眉と眉間です。人間は怒ると、眉の付け根が眉間に引き寄せられて下がります。その結果、眉間にしわが寄る人もいます。額にしわが現れることはありません。もし怒っているときでも額にしわがあれば、それはその人が持つ永久しわであるといえます。

逆に恐怖を感じると、眉が全体的に上がり、額にしわができます。目も大きく見開いた状態になり、口は半開きになります。

これらの変化がまったく見られない場合は、怒っているように感じても、それが本当かどうかわかりません。恋人とホラー映画を見ていて「怖かったあ」と言われても、実は怖がっていない可能性があります。

ですが、表情の変化がないように見える相手でも、わずかですが何らかの変化を起こしているもの。

それらを巧みに読み取ることで、あなたは相手に対して上手に気配りができるようになるでしょう。また、自分で意識的にそれらの**表情を作る**（③）ことで、相手に感情を伝えることだってできるのです。

たりしながら、たくさんの表情を作って研究していた。すると不思議なことに、表情に合わせて怒りの感情や悲しみの感情が生まれたのだそうだ。つまり、幸福感を表わす表情を作れば、心も幸福感で満たされてくることになる。このことは、エクマンの著書『顔は口ほどに嘘をつく』に書かれている。

おもしろいと思っているかは笑顔の消える瞬間でわかる

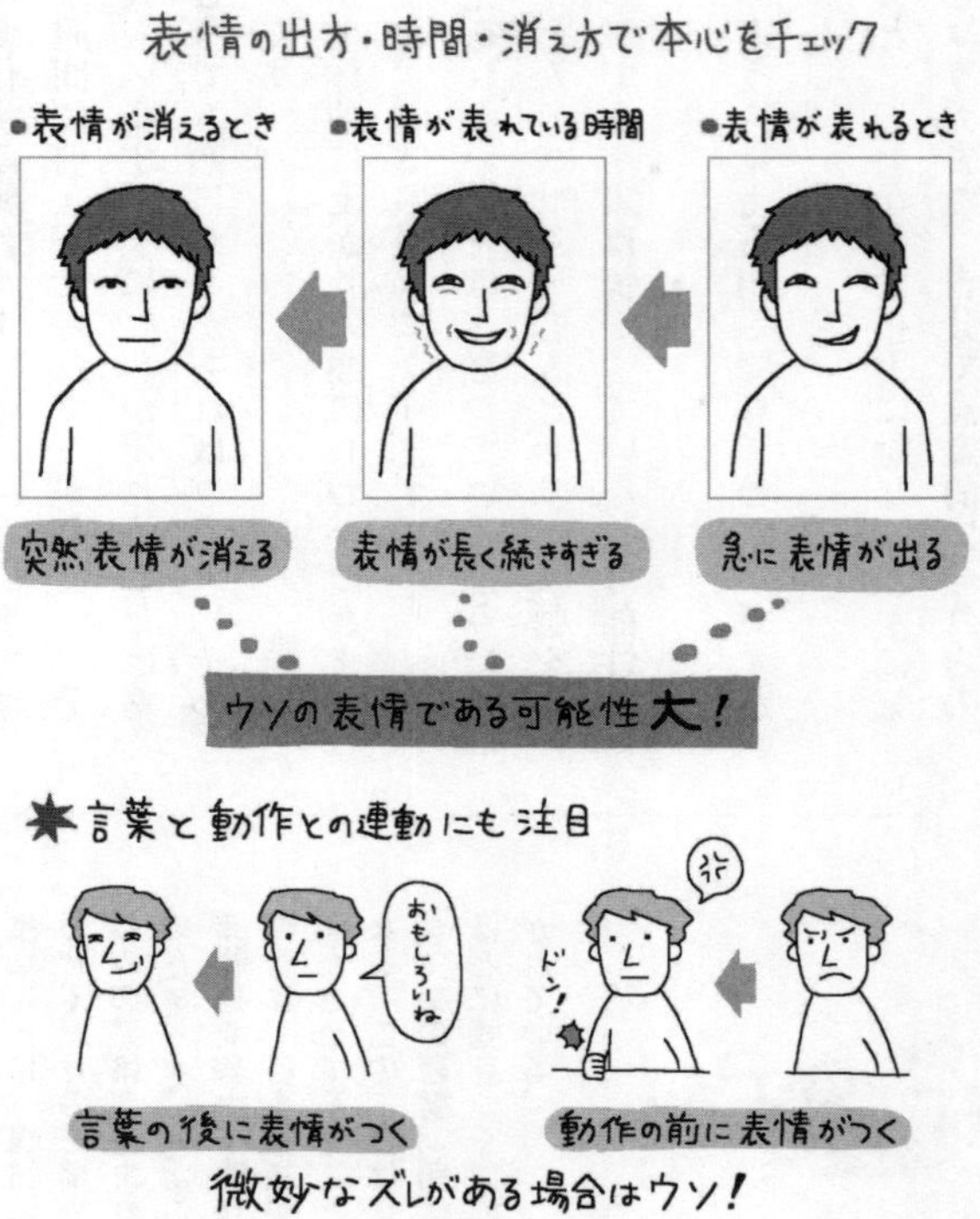
表情の出方・時間・消え方で本心をチェック
●表情が消えるとき
●表情が表れている時間
●表情が表れるとき
突然表情が消える
表情が長く続きすぎる
急に表情が出る
ウソの表情である可能性大！
言葉と動作との連動にも注目
おもしろいね
ドン！
言葉の後に表情がつく
動作の前に表情がつく
微妙なズレがある場合はウソ！

意外と高等テクニックが必要な作り笑い

友人や恋人が楽しそうに話をしているにもかかわらず、それを聞いているあなたは「その話は何度も聞いたよ……」とうんざりすることだってあるでしょう。そういう場合、優しい人なら**笑顔**（①）を作って相槌を打ってあげるかもしれません。いわゆる**作り笑い**（②）です。

作り笑いを浮かべることがよいことなのか、悪いことなのかという問題はひとまず置いておきます。ここでは作り笑いを、上司や家族、仲間たちとの人間関係を円滑に進めるために必要な処世術として扱います。

さて、喜びや関心があるといった感情を表す笑顔は、どうやって作るのでしょうか。唇の両端を少し上げて、口をわずかに開きます。それから目尻を下げます。さらにおもしろがっているふりをするために、手を叩くというのも効果的でしょう。

それでも相手は、あなたの笑顔が作り笑いだと見破る場合があります。これはなぜでしょうか。

表情の作り方に、どこか「ぬかり」があったのかもしれませんが、完璧に笑顔を作ってもバレるときはバレます。

---

①笑顔
生き物の中で人間だけが持つ表情。本能から自然と出る笑顔は、原始的な脳といわれる辺縁系が司っている。笑顔にも色々な種類があり、ユニークな話を聞いたときには大声で笑い、誰かが失敗して怒られているときには「ざまあみろ」と不敵に微笑する。これらは辺縁系から生まれた感情が表に出ている。赤ん坊も友好を示すために、笑顔を作って相手に感情を伝える。

②作り笑い
人間関係の構築のために出る、いわゆる社交的な笑い。本能から出る笑いではないため、進化した人間だけに発

作り笑いがバレてしまうと、お互いに気まずい思いをしてしまうので、どうせやるなら完璧に表情を作るだけでなく、完璧に喜びという感情を表現しなければなりません。

余韻を残さないと作り笑いがバレてしまう

122〜123ページでもふれた、表情と感情の関係性を示した第一人者であるポール・エクマンは、表情を作る**顔面統制**（③）のタイミングが重要だと言っています。そのタイミングとは、3つに分類できます。まず「開始時間」。感情が表情に出るまでにかかる時間のことです。そして「持続時間」。その感情を示す表情が、ほかの表情に移り変わるまでの時間です。作り笑いの状態を保っている時間ともいえます。

最後に「消滅時間」。相手の話が終わった後、表情が完全に消えるまでの時間です。余韻がどれだけあるのか、ということです。

普通、表情は感情に合わせて自然と変化します。しかし、あなたが本来の喜びの感情を抱いていないのに笑顔を意識的に作ろうとすれば、そのタイミングにズレが生じてしまうのです（④）。相手はその不自然さを察知して、「この人は作り笑いをしているのでは？」

達した新皮質系の脳から生み出される。人間はどういう表情をすれば喜びの感情を表現できるかを知っているため、とっさに作り笑いを浮かべることができる。これを頻発する人は、割とくせなどから見破られやすい。作り笑いが得意だと思っている人は要注意。

③顔面統制
人間には表情を作るための表情筋が、30種類以上あるとされている。それらを駆使して意図的に表情を作り出すのが顔面統制。それぞれの筋肉を動かすのはあまり難しくないが、固定しておくのはかなり疲労がたまる。あえてそれらの筋肉を動かす

と疑ってしまうわけです。

実際に作り笑いを浮かべてみるとわかりますが、この3つのタイミングを自然に見せるのはなかなか難しいものです。そして自然に感情が表情に出る場合にも、○秒で笑顔を作り、×秒間持続させた後に、△秒かけて消えていく、という決まった法則性はありません。これらは時と場合、相手との関係によって大きく左右されます。

法則が決まっていないにもかかわらず、やはり作り笑いはタイミングが不自然に見えることが多いのか、相手は看破してくることがあります。たとえば話の山場で即座に笑えなかったり、手を叩いた後で笑顔を作ったりしてしまうのは、明らかにタイミングがズレているといえるでしょう。

一番難しいのは、最後の消滅時間でしょうか。相手がおもしろがらせようとしている山場でうまく笑うことができて、話が続いている間、ずっとその笑顔を浮かべることに成功したとします。しかし感情とは無関係で意識的に表情を作り続けることは、非常に疲れます。話が終わると同時に表情を解いてしまいたい気持ちはわかりますが、これはやはり不自然。「あれだけ笑っていたのに余韻はまったくないのか」と疑われてしまいますので、話が終わってもしばらくは我慢を続けるように心がけましょう。

ことで、顔のシェイプアップを図る「小顔トレーニング」は女性にも人気がある。

④作り笑いのタイミング
笑顔はおもしろい話を聞いた瞬間に爆発的に起こる場合もあるが、基本的には少しずつ表情が和らいでくるものである。だから作り笑いをすると決めたのなら、相手が話し始めたときから微笑を浮かべているくらいがちょうどいい。

気持ちは声に表れる！大声で話すのは自信に満ちている証拠

はっきり言葉に出せば相手の信頼も勝ち得る

コンピューターによる音声認識の発達や、「**声紋**（①）」という言葉が示す通り、「声」には人の特徴や心理状態を示すヒントがたくさん隠されています。ここではその中でも特に、「声」と「自信」がどのような相関関係にあるのかをご紹介します。

アメリカのデイトン大学で、チャールズ・キンブル博士によってある実験が行われました。博士はまず、101人（男性50人、女性51人）の被験者に対し、選択式の質問を投げかけます。博士はこの時、被験者が回答する声の〝大きさ〟を調べていました。

結果、自信がない人の声の大きさが平均58・47デシベルだったのに対し、自信がある人の声の大きさは平均61・84デシベルだったのです。つまり、人は自分の発言に自信を持っているかどうかで、声量を無意識に調節しているようなのです。

声の大きさは、相手の発言が信頼に足るものなのかを判断するバロメーターとなるでしょう。

自信の有無は声量で判断!
58.47デシベル
自信のない人
61.84
デシベル
自信のある人

しかし逆に考えると、あなたが小さな声で喋っていた場合、「この人は自分の発言に自信がないのだな」と、マイナスの印象を与えてしまう可能性があります。

どんな返事でもハキハキと大きな声でわかりやすく答え、相手の信頼を勝ち得る工夫が必要でしょう。

①声紋
指の腹にできたしわの形から個人を特定する「指紋」。同様に人間の声にも人によって細かな特徴があり、その周波数から個人を特定する技術が発達している。口腔や鼻腔の形や、声帯の違いによって声には個人差が生まれるとされる。本文で述べたに、心理状態や性格のほかに、相手の性別、年齢、顔の形、さらには身長まである程度明らかにすることができる。

植木理恵の
すぐに使える
行動心理学

CHAPTER 3
相手の心理を操る

一度でなく何度も会うと好感度が4倍上がる

会う機会を増やせばやがて恋が実るかも？

最初は嫌っていた相手なのに、職場などで何度も顔を合わせるうち、いつの間にか好きになっていたという経験はありませんか。

人は何度も顔を合わせている相手には、次第に好感を持ってくるものなのです。これは心理学的にも証明されています。

アメリカの心理学者ロバート・ザイアンスは、記憶の実験と称して、2秒ごとに映し出される86枚の成人男性のスライドを、数人の大学生たちに見せました。でも実際は、12人のスライドをランダムに86回見せていたのです。

すると、顔の魅力に関係なく、登場した回数の多い人物の方が、少ない人物よりも好感度が高いという結果になりました。

さらにほかの実験では、女性に対してランダムに男性の写真を提示し、1度しか見せなかった男性の写真と、25回も見せた男性の写真では、好感度が4倍も違ってくるという結果も出ています。

1回目…
君が好きだ！
お断り
好感度 低
25回目…
とことん君が好きだ！
仕方ないわね…
好感度 アップ！

何度も見ただけで好意を持つようになる効果を、**単純接触効果（①）**といいます。
気になる異性がいれば、意識的に何度も顔を合わせる機会を持つことで、相手を振り向かせることだってできるかもしれません。

①単純接触効果
人間は何度も見た相手に好意を持つが、その対象は人間だけではない。ものや風景も同じ。何度も同じテレビのCMを見ていると、その商品やCM自体に好感を抱くのも、この効果によるものである。しかし、単純接触効果は全員に効果があるわけではない。中には見れば見るほど嫌になる、というパターンもある。何事も行きすぎはよくないということ。

最初に大きな要求を出しておくとデートに誘いやすい

難題を突きつけた後で本来の目的を承諾させる

アメリカの心理学者チャルディーニは、ある実験のために大学生たちを集めてこう言いました。

「これから2年間、毎週2時間ずつ無料のカウンセリングをしてくれないか」

当然大学生たちのほとんどは断ります。その後、チャルディーニが「それなら1日だけ」と言うと、半数以上の大学生たちが承諾したのです。

後者の質問を最初にした場合、わずか17パーセントの大学生の承諾しか得られませんでした。

このように、最初の時点で大きな要求を出しておき、後で小さな要求に切り替えて承諾させることを「**ドア・イン・ザ・フェイス（①）**」テクニックといいます。大学生たちからすれば、本当は1日でも拘束されたくないのですが、2年間も毎週拘束されることに比べれば、たった1日我慢するくらい別にかまわないと感じるのです。

これを応用すれば、デートの誘いも断られずに済む場合があります。最初に「旅行に行こう」などと大きなことを

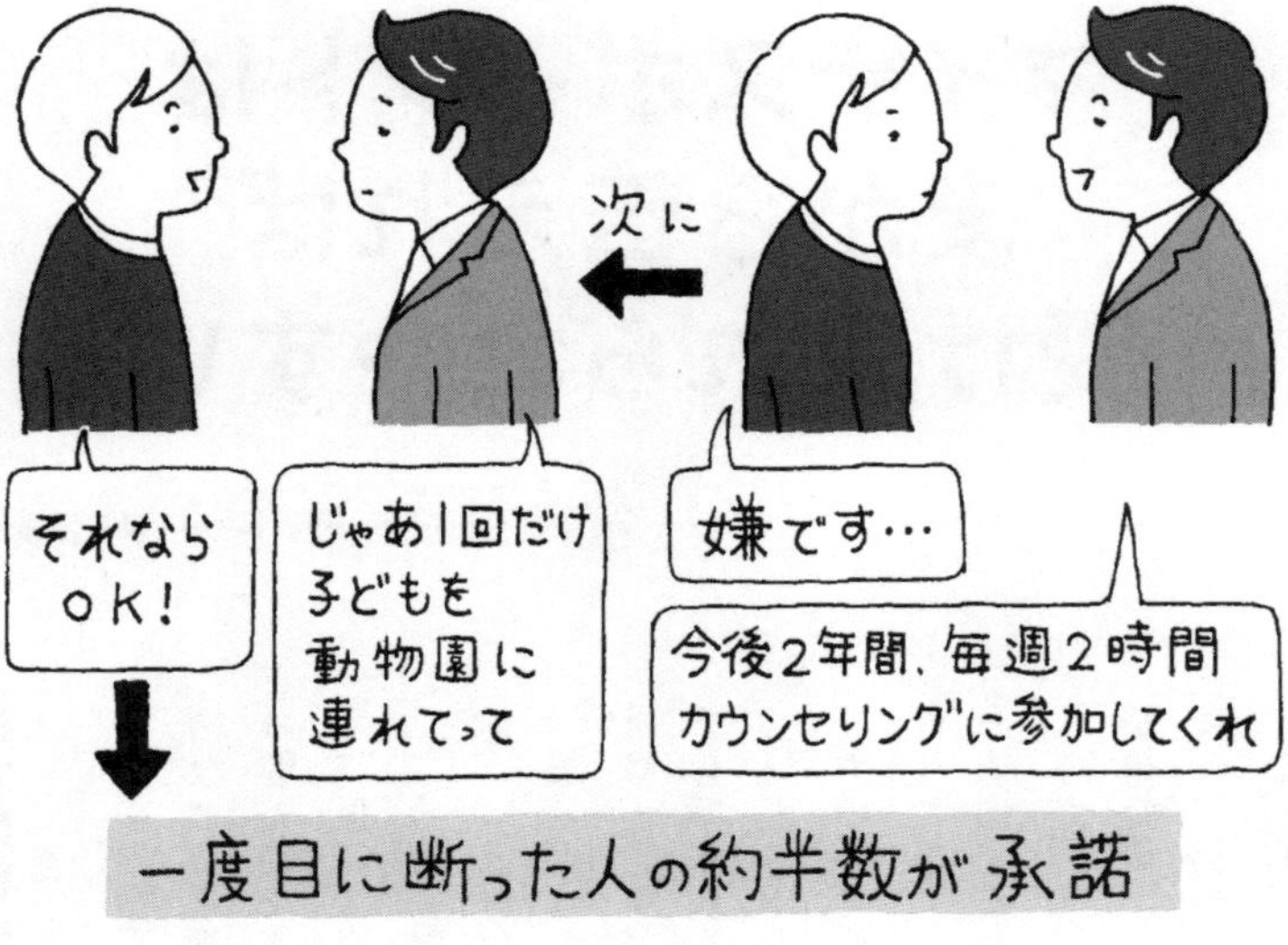
今後2年間、毎週2時間カウンセリングに参加してくれ
嫌です…
次に
じゃあ1回だけ子どもを動物園に連れてって
それならOK!
一度目に断った人の約半数が承諾

切り出しておき、相手が断れば「それなら食事だけ付き合って」と言うのです。すると最初から食事に行くつもりがなかった人でも、食事くらいなら、と承諾してくれる場合があります。色々と工夫して試してみましょう。

①ドア・イン・ザ・フェイス
最初に大きな要望を提示し、後で本来の小さな要望を伝えるテクニック。開けたドアにいきなり顔から入れるということが由来。逆に、小さな要望から通して、次第に要望を大きくさせていくテクニックをフット・イン・ザ・ドアという。ドアを開けたらまず足から入れることが由来。セールスマンなどがよく使う手法。

マイナスポイントは後から伝えれば受け入れられやすい

まずは既成事実を作って自分の魅力をアピール

意中の相手に思いを告げる前に、過去の経歴や年収、家柄などを事細かに伝える必要はありません。むしろ「自分は魅力的な人物ですよ」と、長所だけをアピールして、相手に気に入られようとするのが普通です。

こうした技術は、心理学の世界では「**ロー・ボール技法(①)**」と呼ばれています。

最初のうちにキャッチしやすいロー・ボールを投げておけば、後から変化球やハイ・ボールを投げても相手がキャッチしてくれるのです。

ロー・ボール技法を、初めて科学的に検証したのはアメリカの心理学者・チャルディーニです。チャルディーニが学生たちに「朝7時に研究室に来て実験に協力してほしい」と依頼すると、引き受けた学生は31パーセントでした。ところが、先に「心理実験に参加してほしい」と頼み、了承を得た後に「朝7時に研究室へ来てください」と伝えた場合は、56パーセントの学生からOKを得られたのです。

この結果から、チャルディーニは「人は自分の決定に責

ロー・ボール（受けやすい球）技法
①実験に参加しない？
ロー・ボール
承諾
②いいですよー
③朝7時に来てね
新事実
④（!!! 早い！）
わ、わかりました
承諾
人は一度承諾すると 決断をくつがえしにくい

任を取ろうとする」という結論を導き出しました。

ちなみに、この現象は恋愛にも置き替えが可能。まずは交際の既成事実を作る。そして後から自分の短所を伝えれば受け入れてもらえるのです。

①ロー・ボール技法
受け入れられやすい依頼をまず相手にのませ、後から条件を釣り上げていく交渉のテクニック。居酒屋などで「コース料理＋飲み放題で3000円」という触れ込みで客を呼び込んで、席に着かせてから「実はあとプラス1000円でソフトドリンクとカクテルも飲み放題になりますが……」などと、商売でも活用されている。ただし度がすぎると、詐欺まがいの事態になりかねないため、注意が必要。

合コンを制するには相手側から見て右端の席に座ること

人の視線は左から右へ……親近効果でキメる

心理学者のニスベットとウィルソンは、まったく同じ品質の4つのストッキングを机の上に横一列に並べ、被験者に「どれが一番いいストッキングか」を選ばせる実験を行いました。すると、多くの人が一番右側に置かれたストッキングを「最高の一足だ」と選んだのです。

驚くことに、ニスベットとウィルソンは、実験の前からこの結果を予想していたのだそうです。それは、人の視線は文字を読むように左から右へ移動する性質があることと、最後に認識したものが強く心に残る「**親近効果**（①）」という心理作用に基づく予測でした。

実験を通じて、人は〝強いてどれかを選ばなければならない〟という状況下では、向かって右側のものを選びがちだということが証明されたのです。

この心の動きを、恋愛に応用しない手はありません。合コンで「きょうは勝負の日」と決めたら、いち早く相手から向かって右端の席を確保しましょう。

そうすれば、向かい側に座った異性はあなたの様子を最

多くの被験者が一番右のストッキングを選択

後にチェックすることになります。すると「一番右のあの人が気になるな～」という展開が期待できるのです。〝向かって右側〟を使いこなして、意中の相手に迫ってみては？

①親近効果
人は、多くの情報を処理するとき、最後に認識した情報をより記憶にとどめる。それを心理学的には親近効果と呼んでいる。デートの最中に恋人とケンカになっても、締めのディナーや帰り際の雰囲気がステキだったら「また会いたいな」と思うのも親近効果である。ちなみに、最初に見たものも「初頭効果」という心理作用によっていいイメージを抱かれやすい。合コンでは、両サイドが得なのだ。

少しダラけた服装で一目ボレされる確率アップ！

服装で相手を恋のトラップにかける

後ろ姿が印象的な人は一目ボレされやすいという説があります。

伸びた背筋や、張りのあるヒップラインが印象的だと「正面からどんな人か見てみよう」という心理が働き、結果として相手の心に残る存在になるというのです。

つまり、シャツやコートの裾でお尻を隠すと、恋愛が生まれる可能性を下げていることに。逆に、自分のヒップラインをきれいに見せてくれるジーンズやパンツは恋愛の秘密兵器となるのです。

そして〝適度な着くずし〟も、一目ボレを促す服装だと考えられます。型にはまった服装や、誰かの真似をしたようなファッションは「どこかで見たことがある」と思われ、相手の心に印象を残すことができません。

ところが、一味違った着こなしをしていると「あれ、この人何か違うぞ？」という印象を残すことができるのです。

こうした現象は**認知的不協和**（①）と呼ばれるものです。相手の服装がおかしなことに気付いた人は「どうしてそん

なファッションなの？　この人のことをもっと知りたい‼」と思うようになり、それが恋の始まりになる可能性があるのです。

でも奇抜すぎるファッションや不潔な服装はNG。程度や加減は実践で学ぶしかないかも⁉

①認知的不協和
常識には収まらない現象や事物に遭遇すると、人の心には不協和が生じる。それを解決しようと、人は対象に接近する。スーツを着た店員と、スーツの上に割烹着を着た店員がスーパーで試食販売を行ったところ、販売成績はスーツ＋割烹着の店員が勝利したという報告もある。この時客は、割烹着の店員に認知的不協和を覚え、関心を深めたのである。

今回のお悩み

「プライドの高い人が苦手、できればかかわりたくないです」

身長が高い人はプライドも高い？

プライドの高い人というのは、ちょっとした冗談で神経を逆なでされてしまいます。

プライドの高い人と接する場合、相手のことをよく知らずに軽口を叩いていると、思わぬ反撃を食らうこともあるでしょう。

相手の顔色を窺うようなコミュニケーションを嫌う人にとっては、プライドの高い相手というのは付き合いにくい対象といえます。

実は、相手のプライドが高いか低いかを、簡単に見分ける方法があるのです。

それは、ずばり「身長が高いか、低いか」。

フロリダ大学のティモシー・ジャッジ博士は、高身長な人ほどプライドが高い傾向にあるという説を発表しました。

もしも身近に高身長な人がいる場合には、「この人は高いプライドの持ち主かもしれない」と、予想しておくことが賢明でしょう。

場合によっては、その相手とのかかわり方を考え直すべきかもしれません。

ただし、プライドの高い人を避けるためとはいえ、高身長の人からあまりにも距離を取って接していると、いつかあなたが不利益を被る可能性があります。というのも、高身長の人が、いずれあなたの人生に影響を及ぼすかもしれないのです。

リバプール大学のメラメッド教授が、人物の身長と出世の関係を調べたことがあります。ある会社の従業員を対象に、彼らの身長と会社内の地位を基準に分類を行ったのです。

すると、男女の違いを問わず背の高い人ほど高いポストを得ていることがわかりました。身長と出世は比例関係にあったのです。つまり周囲にいる背の高い人物は、やがてあなたより上の立場になるかもしれず、職場内であればあなたの上司になるかもしれません。

そのとき、相手から悪印象を抱かれていては、出世にも悪影響が出ます。上手なコミュニケーションを心がけましょう。

背の高い人に近付かないようにしましょう

ルックスを近付ければ愛しいあの人と恋人になれるかも

釣り合いの取れた相手になると距離が縮まる

〝似た者夫婦〟という言葉がありますが、外見が似ている者同士がひかれ合うという現象は、科学的にも検証されています。

心理学者のマースティンは、99組のカップルの写真を用意し、男女8人の評定者に身体的魅力度を1〜5点で採点させました。

すると、カップル間の点差が0・5点以下――つまり、ルックスの釣り合いが取れたカップルが60組、0・5点以上の差が出た、見た目に不釣り合いなカップルが39組になったのだそうです。

その後、カップルの組み合わせをバラバラにして同様の実験を行うと、0・5点以上の差を示すカップルの数が増えることに。

こうした結果から、マースティンは「美男子は美女と、普通の男性は普通の女性と交際している場合が多い」と唱え、これを「**マッチング仮説**（①）」と名付けました。

この説を逆利用すると、外見を相手に近付ければ気持ち

似た者カップル
60組
>
アンバランスなカップル
39組

を自分に向けてもらえる可能性がアップすると言えるでしょう。

相手とルックスのレベルがあまりに異なる場合は、性格のよさ、知識、地位といった別の資産で補いましょう。相手にとって釣り合いの取れた人物になれば、思いが届きやすくなるはずです。

①マッチング仮説
人がパートナーに選ぶのは、自分と身体的魅力の釣り合いが取れた相手であるとする説。提唱者のマースティンは、結婚相手の選択は身体的魅力を交換し合う市場であるとし、美しさを資産ととらえた。同程度の資産を交換し合うことが、結婚だと考え、身体的魅力が不釣り合いな場合は、社会的地位、性格、頭のよさといった別の資産で、バランスが取れているのがいいカップルの条件となる。

パーツの好みによって男性の性格&行動が分析できる！

巨乳好きは肉食系貧乳好きは草食系

与太話の最中に「何フェチ？」という話題になることがありますよね。フェチとは、〝性的嗜好〟を意味する「**フェティシズム**（①）」という言葉の略。

異性の体のどの部分に興奮を覚えるかというきわどい話題も「何フェチ？」と尋ねることで、いまや気軽に聞き出せる状況です。

ところで、異性のどのパーツが好きかによって、性格分析ができることをご存知ですか？

心理学者のウィギンズは、男性に、女性の胸・尻・足のシルエットを提示し、パーツの好みと、男性の性格や行動特性の関連性を探り出しました。

巨乳好きの男性は外向的で活発。小さいバストを好む男性は抑圧的で従順。ヒップの大きな女性が好きな男性は、受け身で罪悪感が強い。小さなヒップが好きな男性は忍耐力がある。細い足が好きな人は自己顕示欲が強い。太い足が好きな人は控えめな性格……といった具合です。こうしたデータを女性が知っていれば「自分がどんな男性から好

好みでわかる あの人の性格
大きなお尻が好きなんて人に言えないい!
・強い罪悪感
・強迫観念
貧乳を好みます…
・抑圧的
・従順
・草食系
巨乳が好きだ!!
・外向的
・スポーツマン
・肉食系

かれやすいのか」がわかりますよね。

話は少し変わりますが、「男性は長く付き合いたい」と望む女性には見た目のセクシーさを求めないことも、研究によって知られています。

意中の相手に迫る予定の女性は覚えておいてください。

①フェティシズム
心理学でいうフェティシズムは、異性の体の部位や身に付けていたものなどに興奮する性的倒錯の傾向を指す。精神医学でも、性的対象の歪曲を指し、定められたガイドラインに従って専門家がその診断を行う。性衝動が抑えられず生活に支障が出て初めてフェティシズムと認定されるのだ。「〇〇マニア」「〇〇が好物」などの意味で軽く使用されるケースは、本来の意味からすれば誤用である。

企画力や営業成績よりルックスが出世に大きく影響する!?

ルックスを磨けば出世への道が開ける！

社会に出たら実力勝負！　周囲に認められたかったら、1本でも多く企画を立てて、1円でも多く売り上げて……というのは、実は間違いかもしれません。

それよりも、見た目を磨いた方が社会的な地位が向上するとの説があるのです。

ピッツバーグ大学のアイリーン・フリーズ博士は、700人を超える顔写真を集め、2人の審査員に5点満点でハンサム度を判定させました。

その採点結果と写真の人物たちの年収を突き合わせてみると、4〜5点を得た人は2点の人たちよりも5200ドルも年収が多かったのだそうです。

また、5点と評価された人物と1点と評価された人物では、最大で1万ドルもの収入差があったことが報告され、フリーズ博士は「顔立ちのよさは収入の多さに影響する」という結論を導き出しました。

また、ジョージア大学のブライアント博士は卒業アルバムに写った卒業生の顔写真を10点満点で採点。高得点だっ

た卒業生のほとんどが、12年後に出世していたと報告しました。
ハンサムが出世にどう影響するのかはともかく、こうした事実がある以上、顔立ちがいい方が得なのは間違いなさそうです。

※韓国の整形事情
日本ではプチ整形なる言葉が流行し、簡単な整形手術への抵抗が薄れてきている。だがお隣韓国は、日本以上に整形に寛容。社会に出てからのことを考えて、親から子どもに卒業祝いとして美容整形のプレゼントを行うこともあるほど。女性の間には「美容整形は美しくなるための努力の一種だ」との考えも。芸能人の間では整形のカミングアウトが流行し、「誠実だ」と人気が高まる現象も起こっている。

部下が失敗しても無視すれば一人前に育つ

叱られると人は気力を失う

後輩や部下を一人前に育て上げるには、褒めるべきか、叱るべきか？　一般的には、望ましい行動をしたときに褒め、怠けたり失敗したりしたときは叱責することで、後輩を成長させていく方法が取られています。いわゆる「**アメとムチ（①）**」で、相手を正しい方向へと導く作戦です。

ところが、最近ではこの「アメとムチ」を疑問視する声が強まっています。マウスを使って、T字路を右に曲がるとクッキーがあり、左に曲がると電流が流れる装置で実験を行うと、マウスはたちまち「右に曲がることが自分のためになる」ことを学習するそうです。

しかし、左に曲がったときの電気ショックが強すぎると「これ以上動き回ったらもっとひどい目にあうかも⁉」と判断し、マウスはまったく動かなくなってしまったのです**（②）**。

これは、人間に置き換えると「叱りすぎた部下は働かなくなる」ことを意味します。ペナルティが日常化すると絶望感が心に染みつき、いつまでも失敗のイメージを引き

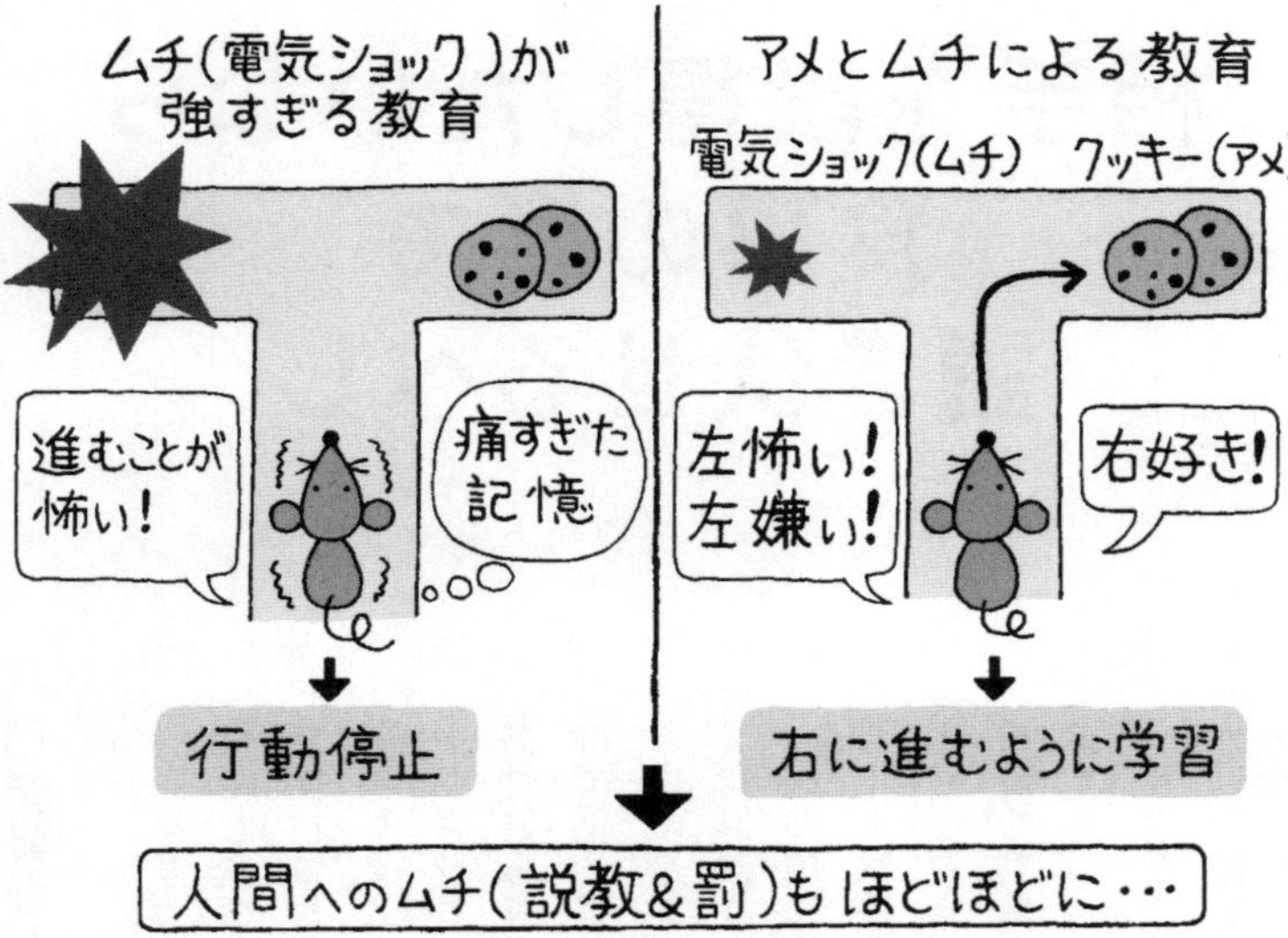
ムチ(電気ショック)が強すぎる教育
進むことが怖い!
痛すぎた記憶
行動停止
アメとムチによる教育
電気ショック(ムチ)
クッキー(アメ)
左怖い!左嫌い!
右好き!
右に進むように学習
人間へのムチ(説教&罰)もほどほどに…

ずってしまうことになるのです。成功したときには必要以上に褒め、失敗したときには〝見なかったこと〟にして周囲がフォローするのがベター。いわば「アメと無視」が、行動心理学的には正しい部下の育て方なのです。

①アメとムチ
19世紀のドイツで、ビスマルク宰相は弾圧のための法規と国民生活のためになる政策を同時に実施。そうした民衆懐柔策が「アメとムチ」に例えられた。

②適応
強い電気ショックを受けたマウスは「ジッとしていた方が安全だ」と判断し、実験の状況に適応した。これはムチが教育上逆効果であることを表す。ちなみに、動かなくなったネズミはストレス性胃潰瘍を発症していたという。

相手を説得したいなら食事の席で説き伏せるべし

口を動かしている間は注意力が散漫になる

アメリカの心理学者のラズランは、1930年代に食の快楽と食事中の記憶についての関係性を研究し、「食事中に提示された意見は好意的に受け取られる」という結果を発表しました。

ラズランによって**「ランチョン・テクニック（①）」**と名付けられた〝食事中の交渉術〟は、多くの人に様々な場面で活用されています。

なぜランチョン・テクニックが有効かという理由に関しては諸説があるようです。

口の中に物が入っているため、納得しがたい意見を耳にしても反論しにくく「今はいいか」と思ってしまうからだという説や、口を動かしている間は注意力が散漫になり、冷静な判断ができなくなるからだといった説が知られています。

ランチョン・テクニックの存在を知らなかった人も、誰かに相談を持ちかけるときに「ちょっとご飯にでも」と誘いをかけたことがあるのではないでしょうか。

政治家たちが大事な話を会食の場で話し合うのもランチョン・テクニックによるものです。

食事を共にすることで、相手に心を開いてしまったことがある人なら、ランチョン・テクニックの効果を知っていることでしょう。

①ランチョン・テクニック

〝食事中に提示された意見は信じられやすい〟という現象に基づく交渉術。その信憑性を確かめる実験では、被験者にピーナッツやガムを口にしながら論文を聞いてもらったところ、何も口にしていなかった人たちが「これ本当なの？」と疑った論文にも、多くの人が納得の態度を示したという。効果を高めるためには、相談する側が食事の提供者となることが望ましいとされている。

お悩み相談室

今回のお悩み

「賢い人が好き。頭がよいか悪いかを見分ける方法ってないの？」

外見は内面を表す？　近視に秀才多し

頭のよい人というのは、カッコよく見えるもの。いざというときに頼りになるし、せっかくお付き合いをするのなら賢い人の方がいい。そう考えてしまうのも仕方ありません。

しかし、人間の知性というものはちょっと話しただけでは測ることはできず、ましてや初対面の、まだ話したこともないような相手の場合はなおさらです。素敵な男性だと思ったのに、話してみてがっかり……。そんな事態はなるべくなら避けたいものです。

さて、賢い人と仲よくなりたいなら、メガネをかけた人に話しかけてみましょう。マンガやドラマなどに登場する〝賢い〟キャラクターは総じてメガネをかけているもの。現実世界でも何となく、メガネをかけていると頭がよく見えてしまいます。

実はこれ、心理学の実験である程度実証されているのです。

実験を行ったのはアメリカの心理学者カミラ・ベンボウ。アメリカでは当時、12歳の児童を対象に全国で学力テストが行われていました。彼女はその試験結果を取り寄せると、全体でも特に優秀な児童４００人のデータを調べ上げたのです。

　すると、対象者の６割が近視であることがわかりました。この数字が、当時の12歳児童における近視の割合と比べ約４倍であったことを考えると、おのずと結論は導き出されます。賢い人がメガネをかけている確率は、確かに高かったのです。ただしこの場合単に〝近視〟というだけなので、コンタクトレンズの児童も含まれる点に注意しましょう。ちなみにベンボウ女史はメガネのほかに「左利き」「アレルギー体質」であることも賢い人に多く見られる特徴として取り上げています。

　どうしても賢い人と知り合いたい、付き合いたいという人は、こちらもぜひお試しください。ただし、見ず知らずの人に突然、「あなたはアレルギー体質ですか？」と尋ねても、いぶかしがられるだけかもしれませんが……。

メガネをかけた人に狙いを定めましょう

「ということは？」で相手がホンネを語り出す

呼び水を与えて相手のホンネを聞き出す

心理学では、自分の行為や発言が途中で中断させられると不安な気持ちになることが知られています。

この現象を発見したロシアの心理学者の名前から、「**ゼイガルニク効果**（①）」と呼ばれます。

連続ドラマや連載マンガなどが、いいところで終わってしまい、「続きが見たい」と思うのは、ゼイガルニク効果によるものです。

もしも話をしている相手が態度を決めかね、何を考えているのかがわからないときは、ゼイガルニク効果を狙ってみましょう。

相手がぼんやりとした意見を述べた直後に「ということは、つまり……」と呼び水を差し向けてあげれば、「つまり、賛成ということです」「つまり、私は反対です」などと、意見の核心を語ってくれることでしょう。

というのも、目の前の相手は中断された会話の続きが気になるあまり、自分の気持ちを思わず口にしてしまうのです。

それでも、答えをはぐらかされたときは、改めて「では、

"言葉の中断"で引き出す相手のホンネ
①あなたは姑さんの小言が…？
②ゆううつでなりません
③ということは…？
④義母がニガテです

結局のところ、あなたはこの意見に賛成して……」と、さらにもう一段階踏み込んだ誘い方をしてみましょう。

賛成して「いる」のか「いない」のかだけを答えればいい状況を作り出すことで、相手の答えを引き出すのです。

①ゼイガルニク効果
物事が途中で中断されると、人はもの足りなさを覚え、続きを欲するようになる。そんな心理作用を発見者の名前からゼイガルニク効果と呼ぶ。相手から好感を持たれたいと考えるなら、ダラダラと長時間をすごすよりも、会話が盛り上がったところでその場を後にする方がいい。ゼイガルニク効果によって、相手は「この人ともっと一緒にいたかったのに」と思い、再会の約束がまとまりやすくなる。

長く付き合う相手には最初に長所をアピールすべし

第一印象がよければ、欠点も好印象になる

１９４６年、社会心理学者のソロモン・アッシュは、人の性格の特徴を並べた２つのリストを用意し「どんな人物が連想されるか」という**印象形成実験**（①）を行いました。ひとつ目のリストには「知的、勤勉、強力、批判的、頑固、嫉妬深い」と書かれ、２つ目のリストには「嫉妬深い、頑固、批判的、強力、勤勉、知的」と書かれていたそうです。よく見れば、どちらのリストも順番は違えども書いてある内容は同じです。

しかし、リストを見た人は、前者を〝欠点はあるが能力がある人〟と受け止め、後者を〝欠点のために能力を発揮できない人〟ととらえました。この結果は、最初の要素が印象の核となり、後半の要素のとらえ方が変化してしまったことを意味しています。

アッシュの実験は、自己紹介やプレゼンテーションで、長所を最初に述べるのが大事だということを物語っているでしょう。出会ったばかりの相手に好印象を与えられれば、後で失敗をしても「愛敬がある」「人間味がある」ととら

なるほど
① 私は頑固なところもあります
頑固な人なんだ…
② 仕事への情熱では負けません！
最初に言った言葉の方が印象に残りやすい

えてもらえます。

しかし、嫌われている状況では「やっぱりどうしようもないヤツだった」と評価されてしまうのです。自分に有利な人間関係を築くには、最初に長所だけをアピールするのが秘訣です。

①印象形成実験
性格を書いた2つのリストを使ったアッシュの実験は印象形成実験と呼ばれている。この実験を重ねたアッシュは、2つのリストの間で「温かい」「冷たい」という言葉を入れ替えると、印象が大きく変わることを発見。印象形成の核となる「温かい」「冷たい」のような要素を〝中心的特性〟と名付けた。そして、中心的特性の影響で印象を変える要素を〝周辺的特性〟と呼んだ。

会議の質を高めるには各自が前もって意見を用意すること

討論は思考の停止を助長する

ひとつの議題について、多くの人が「ああでもないこうでもない」と意見をぶつけ合う様子は、活発に見えるものの実はかなり非効率的です。結論が出ないまま、会議がダラダラと長引いていくこともあるでしょう。一見活発に見える討論の場が、ある人にとってはサボりの場になっているという事実も見逃せません。

それを物語るこんな調査結果があります。

小学校の理科の授業を、あるグループは集団討論形式で行い、別のグループは研究発表式で実施しました。すると後者のグループの方が、高い理解度を示したのです。この結果は、集団の中にこっそりサボっている人がいたためだと言えます。

これを会議や打ち合わせに当てはめてみましょう。会議が長引くうちに、下手をすると出席者全員が「誰かが何とかしてくれるだろう」と思い集団的手抜きが発生する恐れもあります。それでは、会社の先行きは暗いと言わざるをえません。運よく結論が出たとしても、それは多数派に同

各自が意見を用意しておくと…
Dはどう？
Aだ！
Bよ！
Cかも
盛んな意見交換が!!
何の準備もないまま会議を始めると…
Aなのかな…
Aだ！
Aね
ダラダラとした会議に

調（①）しただけである可能性も否めないのです。

そうしないためには、会議には各自が考えた意見を持ち寄るのが理想。会議室は、全員が議題について真剣に考える場となるでしょう。

①同調
集団において、個々の態度は多数派が示す規範に近付いていく。そうした様子を〝同調〟と呼ぶ。心理学者アッシュは、基準となる線と同じ長さの別の線を選び出す実験を行った。6～8人のサクラがわざと誤った解答を示した後は、30パーセント以上の被験者が同調を示したという。また、何度も実験を繰り返す中で、一度も同調した態度を示さなかった人は、全体の20パーセント以下だったとのこと。

二面性を指摘すれば「私のことをわかってる」と相手は感じる

性格を断定してくれると認められた気分になる

星占いや、血液型占いの本には「あなたは明るい性格だと思われているが、実は内向的で思慮深い面も併せ持っている」「奔放に生きたいと思う一方で、実は辛抱強い性格ですね」といった文言が並んでいます。

多くの人が、自分のことを言い当てられたような気になることでしょう。

その理由は、アメリカの心理学者・フォアによって解明され、「**フォアラー効果**（①）」と名付けられています。

フォアは、学生に架空の性格診断を行い「あなたは○○な性格だが、▲▲な面もある」といった、診断結果をランダムに配布しました。そして、結果が当たっているかどうかを、学生に0～5点で採点させ平均点をはじき出したのです。すると、スコアは4・26点となり、多くの学生が診断結果を正確だと思い込んでいたことがわかりました。

人には、誰かに認められたいという欲求があるため、性格を断定されることに飢えています。

そんなときに二面性を指摘されると、心の奥をのぞかれ

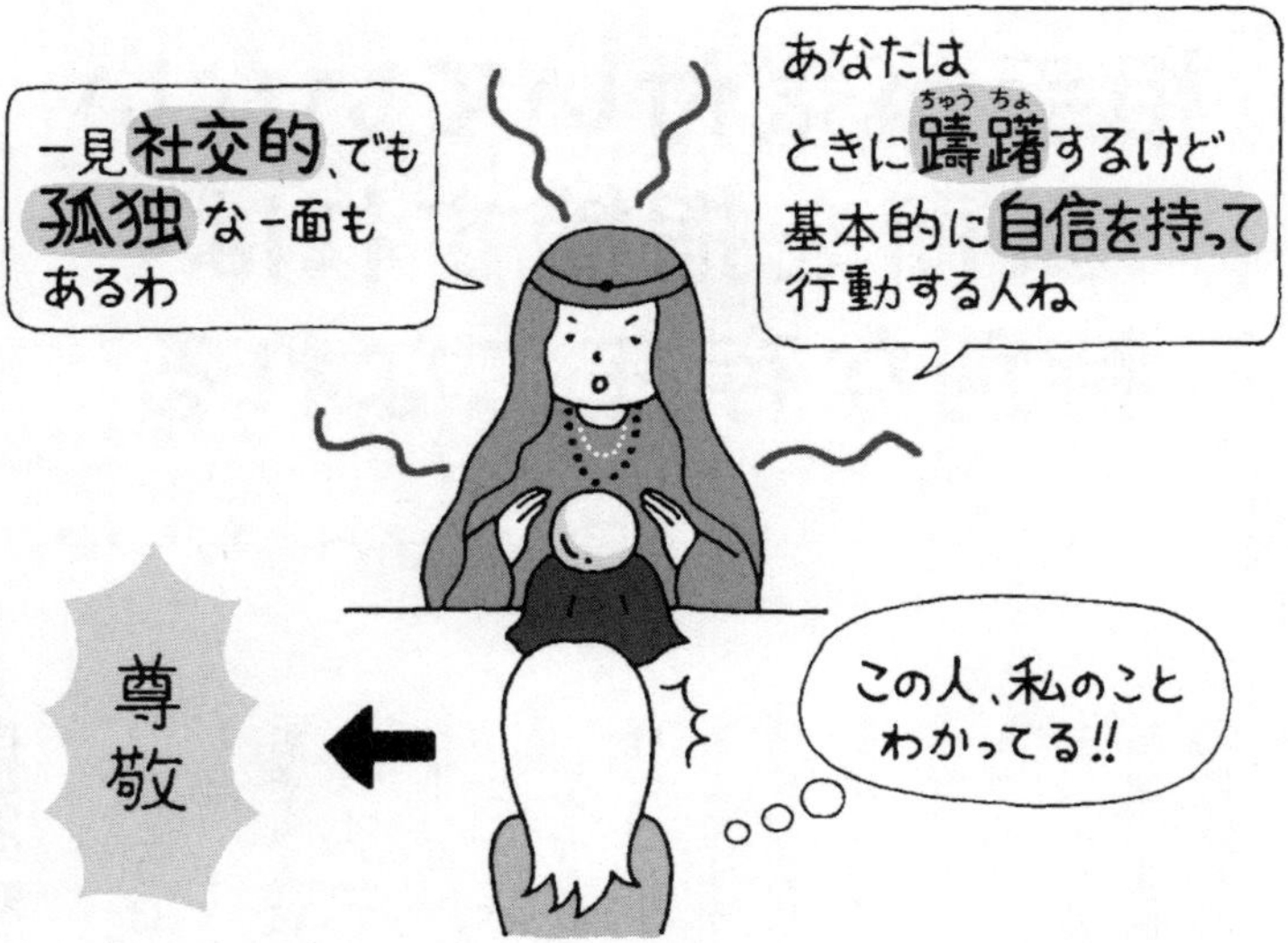
一見社交的、でも孤独な一面もあるわ
あなたはときに躊《ちゅう》躇《ちょ》するけど基本的に自信を持って行動する人ね
この人、私のことわかってる!!
尊敬

たかのような錯覚に陥り「何で私のことがわかったの?」と驚いてしまうのです。逆にフォアラー効果を使って「あなたは○○ですが、▲▲な面もありますね」と伝えれば、相手から信頼されるかもしれません。

①フォアラー効果
人は、断定的な言葉で二面性を指摘されると、心の奥をのぞかれたと錯覚し、相手の洞察力に感服してしまう。これは心理学者フォアによって発見され、フォアラー効果と名付けられた。後の研究で、前向きな言葉が多く、評価が自分だけに向けられていると信じているほど、効果が高まることが判明した。心理トリックを得意とする奇術師バーナムの名前にちなんで「バーナム効果」の別名もある。

相手が気付いていない長所を指摘すれば特別な存在になれる

自分の知らない長所を褒められたがっている

たとえば、美人女優に「キレイですね」と声をかけたとしましょう。そんなことは、周囲の誰もが知っています。おそらく彼女自身も美貌に自負があるでしょうから、愛想笑いはしてもらえても、それ以上の関係を築くのは難しいでしょう。

ところが「ときどき見せるもの悲しい表情が好きです」「しぐさから知性を感じることがあります」などと声をかけたら……。きっと彼女は「私、そんな顔をすることがあるんですか?」と、興味を示してくるでしょう。人は、自分で意識していなかった長所を指摘されると、激しい反応を示す習性があるのです。

そのことを示す、「**ジョハリの窓**（①）」という心理モデルがあります。それによると、人の心は、①自分も他人も知っている領域、②自分だけが知っていて他人は知らない領域、③他人は知っているが自分が気付いていない領域、④自分も他人も知らない領域、という4つの〝窓〟があるというのです。

一番嬉しい"褒められポイント"は「自分の知らない自分」
自分 知っている
自分 知らない
他者 知っている
他者 知らない
ここをホメられたい
誰もが知る自分
自分の知らない自分
隠している自分
誰も知らない自分

中でも、人を褒める場合は第3の窓が狙い目。

他人は知っているが自分は気付いていないパーソナリティを知らされると、〝知らなかった自分に気付かせてくれた人〟〝可能性を見抜いてくれた人〟として特別視されやすくなるのです。

①ジョハリの窓

2人の心理学者、ジョセフとハリーが考案した「対人関係における気付きのグラフモデル」のこと。パーソナリティを、自分も他人も知っている要素、自分だけが知っていて他人は知らない要素、他人が知っていて自分だけが知らない要素、自分も他人も知らない要素に4分割し、格子窓のような図に示して分析。コミュニケーション能力の向上に役立てる。〝ジョハリ〟は2人の考案者の名が由来。

お悩み相談室

今回のお悩み

「部下が怠けてばかりいます」

人は生まれながらに怠けてしまう生きもの

初めて自分の部下を持った人にとって、最初にぶつかる壁は「いかにして部下に熱意を持って働いてもらうか」でしょう。人間の感情というものは不安定なもので、つねに同じ状態を維持するのは難しいものです。くわえて多くの部下の仕事ぶりをひとりで完全に把握するのは困難。ふと目を離したスキに、部下がだらけて手を抜いている、なんてこともときにはあるでしょう。

そこでアドバイスです。

それはひとつの仕事に当たるメンバーの数を必要最小限に減らしてみること。なぜなら人は集団の人数が増えれば増えるほど、手を抜いてしまう傾向があるためです。

アメリカの社会心理学者ラタネが、実験で6人の被験者に拍手をしてもらったところ、ひとりで拍手をしたときと比べて、それぞれが3分の1の力しか発揮していなかったことがわかりました。

何度やってもこの傾向は変わらず、しかもこのとき、被験者たちは自分が力を抜いていることを意識していませんでした。人間の「手抜き」本能を窺い知ることができます。

また、フランスの研究者リンゲルマンによる「綱引き実験」も、同様の結果を示しています。綱引きを2人（左右4人）、3人（同6人）、8人（同16人）の3パターンで行わせたところ、2人で綱を引き合った場合、それぞれが自分の筋力の93パーセントを発揮していた一方で、3人の場合は85パーセント、そして8人の場合は49パーセントしか力を発揮していなかったことがわかったのです。

もしもあなたが、あるプロジェクトを任されていた場合、プロジェクト・メンバーの数があまりにも多い場合は要注意です。無意識的に手を抜くメンバーが現れ、作業効率を下げる可能性があります。

チームを少数精鋭にしたり、ひとつのプロジェクトの中でも「君にはこの作業を任せる」と、具体的にターゲットを絞って仕事に取り組ませることが、手抜きを防ぐには有効です。

ひとつの仕事には少数で取り組ませましょう

助言すればするほど仕事の効率は悪くなる!?

□うるさく言いすぎるとお互いが損をする

あなたに仕事の部下がいたとします。彼の仕事ぶりが悪ければ、やはりあなたは上司として注意したり、**助言（①）**したりするでしょう。部下の改善点を指摘することで、相手のパフォーマンス（仕事効率）が伸びる……ように思うかもしれません。

今度はあなたが上司から助言を受けたとします。「そこはそうするところじゃない」「こうした方がスムーズだろう」など言われると、どう感じるでしょうか。

もちろん素直に聞く人もいると思いますが、だいたいの人は「自由にさせてくれよ」と心の中で舌打ちをするのではないでしょうか。

ジョージア技術研究所のニコラス・ルーリーは、商品の仕入れを模した実験を行いました。30回の仕入れを行うときに「こうするべきだ」という助言を、毎回与えた人と、3回ごとに1回与えた人、6回ごとに1回与えた人の仕事効率を比較したのです。

すると、毎回助言を与えた人の仕事効率が一番低下した

商品の仕入れを30回、行う
ああしろこうしろ
ああだこうだ
アドバイス
6回に1回
3回に1回
毎回
ペラペラ
うーんと
えーと
良
作業効率
悪

という結果に。助言を受けすぎたために、混乱してしまったのです。仕事効率がもっともよかったのは、一番助言を与えなかった6回ごとに1回の人でした。

つまり仕事においては、あまり口出しをせず、その人なりのやり方に任せるのが効率的なのです。

①助言
フィードバックともいう。フィードバックには、ある過程で導き出された結果を、これから導き出そうとする側に戻すという意味合いがある。つまり先駆者（上司）が経験した効率を上げる方法を、部下に提示することだ。心理学では褒めたりすることを正のフィードバック、否定することを負のフィードバックという。助言は知らず知らずのうちに、負の方面へ向かっていることが多い。

成功率50パーセントの目標を掲げると人はやる気を出す

成功するとわかっていると手がつきにくい!?

人間は将来設計であったり、目先の仕事の成功であったりと、大なり小なりの目標を持っています。しかし目標があるのに、どうしても**やる気**（①）が起こらず怠けてしまう、というときがあります。

心理学者のアトキンソンは、そうしたやる気の強さは「**達成動機**（②）の強さ＋本人が思う成功確率＋成功した際の報酬」という方程式によって導き出されると言いました。

ここで重要なのが、本人が思う成功確率の部分です。単純に考えると、成功確率が高い方がやる気も触発されると思えるのですが、おもしろいことに実はそうでもないのです。アトキンソンは小学生たちを集めて、輪投げを使った実験を行いました。

まず小学生たちに、確実に成功すると思う距離と、確実に失敗すると思う距離を聞いておきます。

その後好きな位置から、実際に輪投げを行うように指示しました。

すると彼らが一番多く選んだのはちょうど中間。半分の

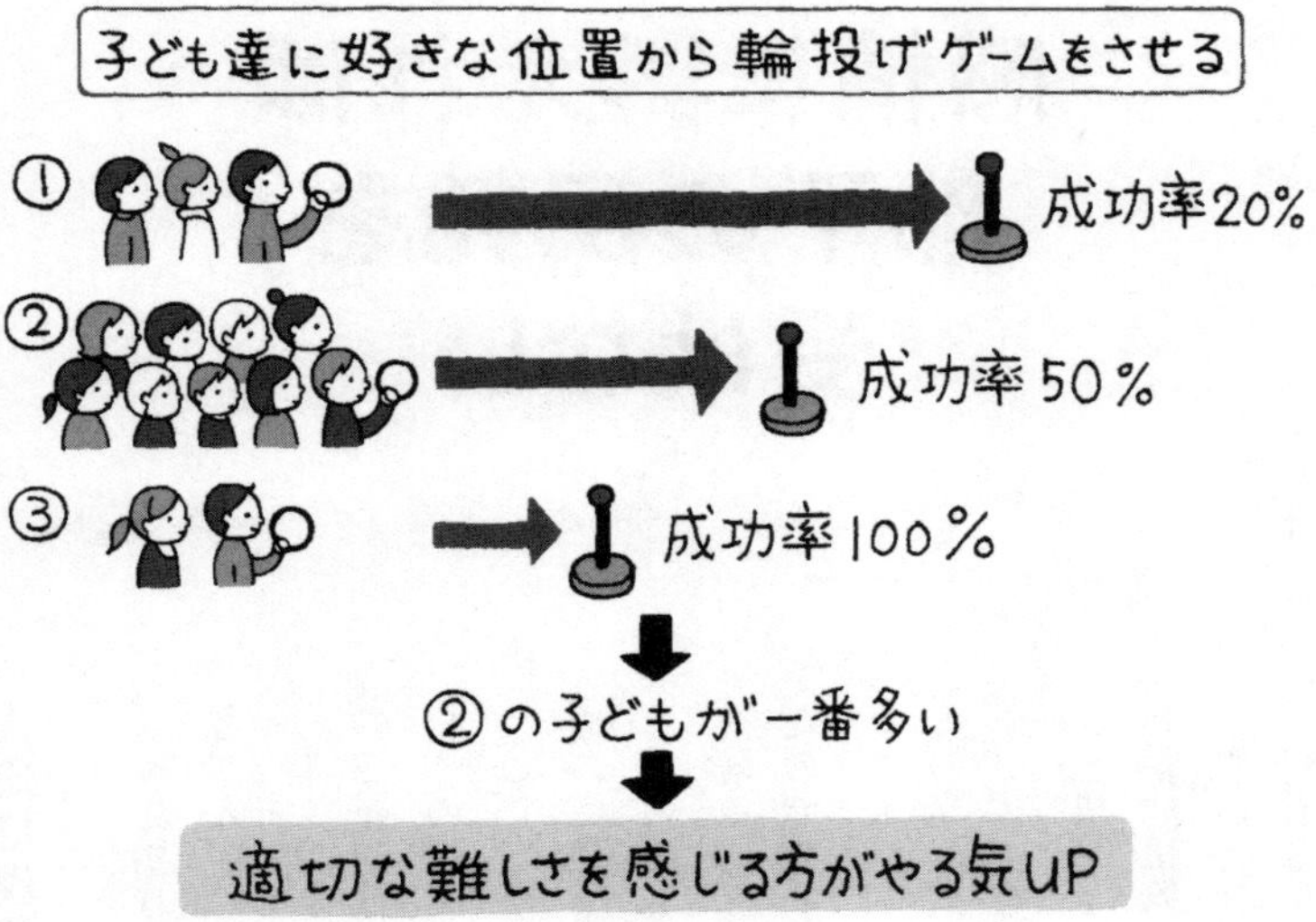
子ども達に好きな位置から輪投げゲームをさせる
①
成功率20%
②
成功率50%
③
成功率100%
②の子どもが一番多い
適切な難しさを感じる方がやる気UP

確率で成功すると思われる場所でした。

つまり人間は、確実に成功する、確実に失敗するとわかっている目標より、半分くらいの確率で成功するかもしれない、と思う目標の方がやる気を出すということなのです。

①やる気
目標達成のために発揮するモチベーション。行動の動機付けという。この強さと主観的な成功確率の関係は、逆U字形を描く。成功するとわかっていてもやる気が起こらないし、失敗すると思っていても同様。適切な難易度を感じる目標の方が、やる気も大きくなる。

②達成動機
仕事を片付けたい、引っ越したいなど、目標を成し遂げたいと思う気持ち。

感情に訴えれば部下の反発を受けない

人間は理屈ではなく心で動く生きもの

当たり前ですが、仕事内容に比べて給料が安いと感じると、人間は反感を抱きます。

特にアメリカの労働者の反感は凄まじいもので、勤め先の商品や機械部品を盗むという事件が頻発しています。国全体の被害総額は、年間数十億ドル以上にも及ぶのだとか。

ここでグリーンバーグという心理学者が、盗難抑制のための実験を行いました。

どちらも同じ条件で、労働者の給料を引き下げるという工場Aと工場Bに焦点を当て、その説明方法を比較してみたのです。

工場Aでは、社長自らが労働者たちに対して、給料カットの申し訳なさや、決断に踏み切るまでの苦悩をしつこく繰り返して説明しました。

工場Bでは、社長ではなく副社長が労働者たちに対して、業務的に給料カットの話をしただけでした。

すると結果は歴然。給料カット前の労働者たちの盗難率は、工場A、B共に同じくらいだったのですが、カットが

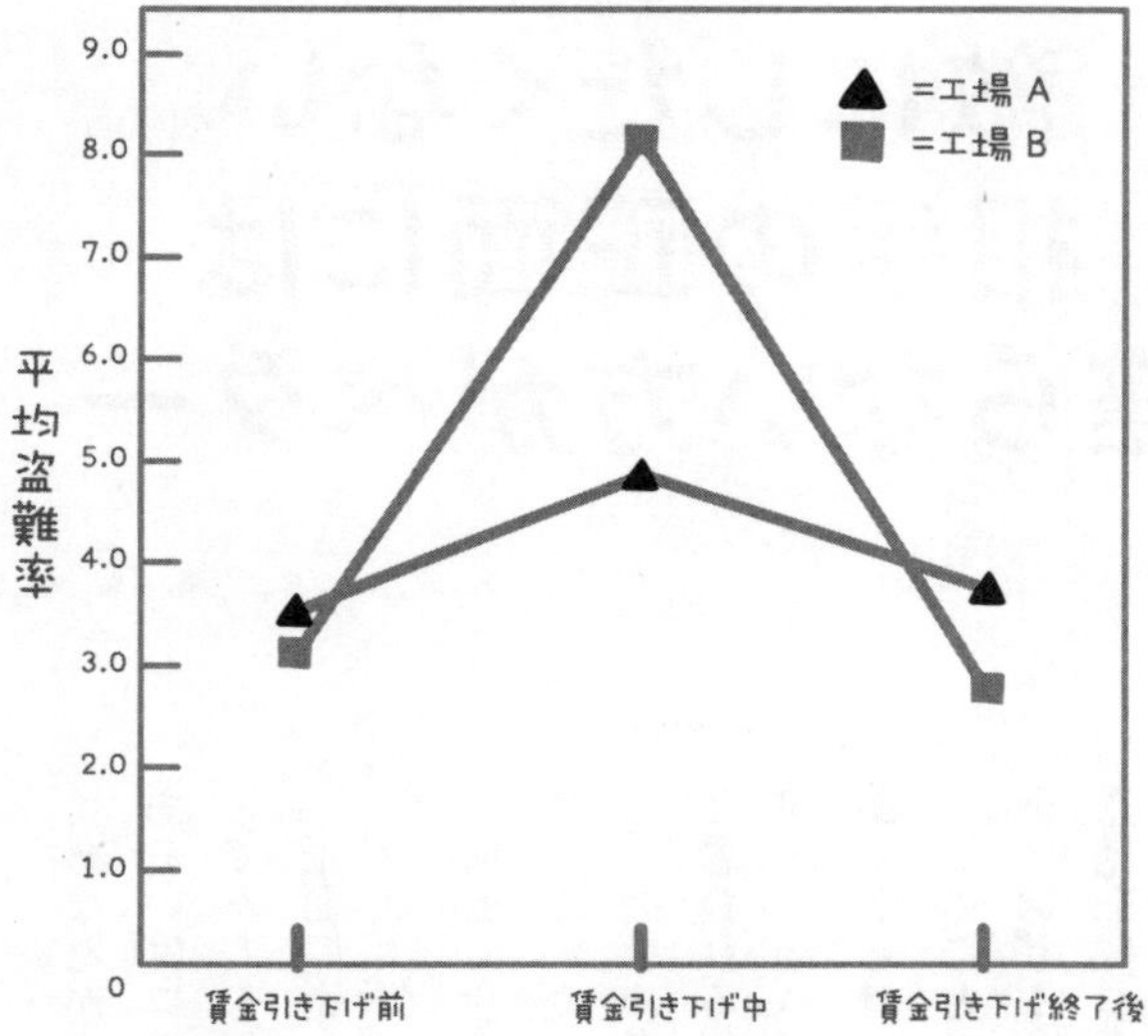
9.0
8.0
7.0
6.0
5.0
4.0
3.0
2.0
1.0
0
平均盗難率
▲ =工場 A
■ =工場 B
賃金引き下げ前
賃金引き下げ中
賃金引き下げ終了後
Greenberg,©1990

グリーンバーグの実験

賃金が低いと社内で
盗難発生率が上がる

↓

賃金低下の理由を
感情を込めて
説明したA社は

盗難率が低い!!

始まると工場Bの盗難率が圧倒的に伸びたのです。

工場Aもわずかに伸びましたが微々たるものでした。人間は理屈ではなく、感情に訴えかけると反感が抑えられるのです。

敵にしたくない相手の正面には座らない方がベター

賛成意見の持ち主を正面に座らせよう

あなたが会議の場で、参加者全員がひとつのテーブル、あるいはロの字形テーブルに着席したときのことを思い出してみてください。

正面の席に座っている人からは、割と反対意見が出やすいのではないでしょうか。

何度も会議を重ねていると、以前に議論を交わした相手は、だいたい自分の正面に座る傾向にあることがわかります。会議の席で人間は、今回の議論もまた対立するだろうと思われる相手の正面に座りたくなるのです。その理由は向かい合っていた方が、話を展開させやすいという心理が働くからです。

このことは、少人数の集団についての心理を研究する**スティンザー**（①）という学者が明らかにしています。反対意見を持つ人が正面に座りやすく、向き合っていたら全体で話をしやすい。

逆に隣には賛同意見を持つ人が座りやすく、全体で話をしにくいのです。

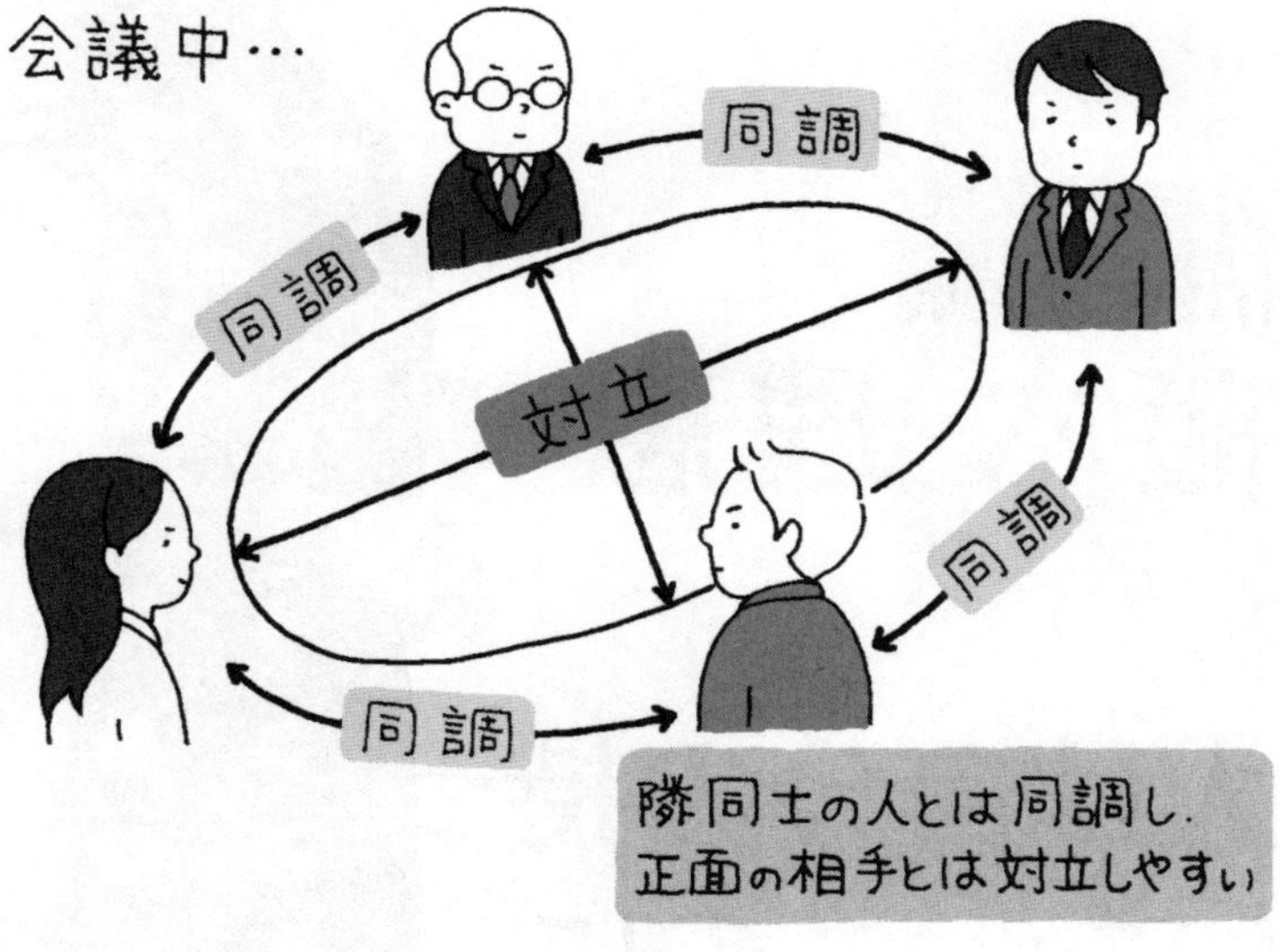
会議中…
同調
同調
対立
同調
同調
隣同士の人とは同調し、
正面の相手とは対立しやすい

あなたが会議で通したい案件がある場合、賛同意見の持ち主を正面に座らせて、反対意見の持ち主を隣に座らせてみましょう。

隣からは意見が切り出しにくくなるので、会議もスムーズに進行するはずです。

①スティンザー
アメリカの心理学者。彼の会議の席における心理は、スティンザー効果と呼ばれている。「反対意見を持つ相手は、正面に座る傾向にある」「ある発言が終わったとき、次に発言するのは反対意見を持つ者が多い」「議長のリーダーシップが弱いと正面同士で話したがる。強いと隣同士で話したがる」の3つの特徴を指す。最初の2つは企業の会議でもスムーズに進行させる戦略として応用されている。

Interview

植木 理恵

Ueki Rie

人は自分の持っていないものに、魅力を感じるんです。

行動心理学とは実験や統計結果を基に、人間の行動に共通してみられる傾向や、クセを探る学問です。今回は、ＴＶ・雑誌など、あらゆるメディアで大活躍中の心理学者・植木理恵先生に、行動心理学の観点から、人に「好かれる」言葉や行動の秘密をうかがいました。

仮説1

人に「好かれる」ためには、自分の相手とは異なる部分、「異質性」をアピールすることが有効。

――「人に好かれる」ためには、何がいちばん大切なのでしょうか？

行動心理学の研究では、人は「自分には無いもの」を持っている相手、「自分とは違う価値観」を持っている相手に憧れを抱く傾向が認められています。行動心理学ではこれを「異質性の発見」と呼んでおり、この「異質性」を相手にアピールするのがよいでしょう。

ただ一般的には、「価値観が合う人」を恋愛対象に選ぶという方も多いようです。確かに最近、日本では「似たものカップル」の数が増えてきているといわれており、そもそも日本人は、「同質性」を基準にグループ化する傾向があります。

けれど、「フィーリングが合う（同質性）」ことを理由につき合い始めた場合、その後に待っているのは異質性の発見だけ。「思ったよりフィーリングが合わないかも」という発見が続けば、それは幻滅につながり、結局はうまくいかなくなるでしょう。ですから、最初に「異質性」をアピールして相手の気を引き、それから「同質性」を徐々に感じてもらうことで絆を強くする、という流れが理想的なのではないでしょうか。

――順序が大事なのですね。

これはビジネスの場でも同じことがいえます。上司の好みに話を合わせる「同質性」のアピールばかりでは、単に媚びを売っているのだと思われ逆効果でしょう。

またあらゆる世代がひとつの現場で働く

「異質性」と「同質性」、
ふたつを上手にアピールすれば
相手との関係も深まります

ビジネスにおいて人に好かれようとするなら、世代間の格差を解消するのも有効です。たとえば30代半ばから40歳くらいの〝ロストジェネレーション〟世代と呼ばれる世代を例に考えてみましょう。この世代は他の世代と比べて自己主張が少なく犯罪率も少ない、いわゆる「いい子」の多い世代です。ただし、これが上司の立場からすると、「覇気がない」「何を考えているのかわからない」印象を受けてしまうのです。彼らの上司にあたる50代の方々は、学生紛争も盛んだったエネルギッシュな世代ですから、なおさらです。

最近の調査によると、この世代が求めている部下像というのは、「ナマイキな部下」なのだそうです。つまり上司である自分に対し、しっかりと自己主張をし、そのうえ、「僕はこう思います」と、やや反抗的な態度をとる部下のこと。

これは先ほどの「異質性」を提示する部下、ということでもありますね。上司に不快感を与えない程度の「かわいいナマイキ」さが、職場で好かれる秘訣かもしれません。

仮説2

相手の心をつかむには、「ポポネポ」の構成で話をし、ポジティブなイメージを植えつける。

――初対面の相手の心をつかむために、行動心理学を活用することはできますか？

相手の心をつかむためには、最初に自分のよい点を強くアピールすることが大事です。最初のインパクトがとても重要なんです。でも、自分のよい点ばかりアピールするのは、実は逆効果。そこで、そんなときに有効な会話テクニックとして、私は「ポポネポ」で話すことをおすすめします。ポとはポジティブな話題を、ネとはネガティブな話題を意味しています。つまり「ポ→ポ→ネ→ポ」の順番でよい話題と悪い話題をつなげて構成する会話方法のこと。自分のよい点ばかり話すよりも、一連の話の中にネガティブな要素を含めるほうが、相手の信頼を得やすくなるのです。本書の中でも取り上げていますが、これを行動心理学の分野では、「二面性提示」と呼びます。また最初と最後の話題は相手の印象に残りやすいため、ポジティブな話題を頭とお尻にもってきています。頭にネガティブな話題をもってくる「ネポポポ」は、悪印象を植えつけてしまうので要注意です。

仮説3

相手の心が離れないように、マメに連絡をとりつつもベッタリしない、メリハリのある関係を。

――一度つかんだ相手の心が「離れない」ようにするには、何が重要なのでしょうか？

恋愛でもビジネスでも、相手（恋人・同僚・上司・顧客）をつなぎとめるために大切なのは、「接触回数」。やっぱりマメな人が人気。恋愛ならば頻繁に連絡をしてくれる人、こまめに足を運んでくれる人に好意を抱きやすいのです。営業マンでも足しげく通ってくれる人に情が移るのは当然でしょう。行動心理学では、これを「単純接触効果」と呼びます。

ただし行動心理学の研究で、人間は「報酬」にやがて慣れてしまうこともわかっています。恋愛の場合も、お仕事で何らかの商品を売る場合も、相手に「飽きられる」ことが最も避けるべき事態でしょう。

これを防ぐためには、報酬のレベルを上げることが求められます。よりよいサービスを提示しなければ、お客はよそに流れて

もう一度会いたいな、と相手に思ってもらうのがお仕事でも恋愛でも大事です

“乗り越えられる障害”が人と人との絆を強くします

いってしまうし、いつも同じデートコースでは相手もがっかりする。ですが、何事も際限なくエスカレートさせることはできませんので、そこが難しいところです。

――終わりがありませんね。

そこで行動心理学用語の〝間欠強化〟という方法を試してみてはいかがでしょうか。デートの誘いも5回に1回はお断りする、メールの返信もたまには時間をおいてじらしてみる。メリハリのある関係が、長続きする秘訣です。また、恋愛に関する場合に限りますが、障害のある恋ほど盛り上がるというお話もあります。本書の中でも取り上げていますが、行動心理学の分野では、これを「ロミオとジュリエット効果」といいます。ただし障害の数がひとつやふたつなら、「乗り越えよう」と考えることもできますが、その数が複数個になってしまうと、心が折れてしまうようです。遠距離恋愛が長続きしないのは、これが原因だと考えられます。「なかなか会えない」「周囲の誘惑」「電話代がかかる」など障害が多層的に重なることで、恋人同士の心の中で、関係を持続させようとする意欲が失われてしまうのだと思います。結婚詐欺師が成功するのは、ほぼ完ぺきな理想の相手を演じつつ、1点だけ穴をあけて相手に近づくから。「仕事もできる」「健康」「容姿も優れている」「つくしてくれる」とあらゆる点が理想的なのに「お金がない」と1点だけ弱みを見せるので、被害者はだまされてしまうのです。結婚詐欺師の真似をしなさい、というわけではありませんが、大切にしたい相手や関係があるのなら、自分と相手の心を飽きさせずにコントロールする努力を、忘れないでいただきたいです。

植木理恵の
すぐに使える
行動心理学

CHAPTER 4
オフィスで使える
心理テクニック

相手を説得するには要点を10秒にまとめて話す

短い言葉が理解を生む

ポイント① 10秒くらいに言葉をまとめて話す

ぐだぐだ
社会人としての良識の点からもあいさつというのは大切なんだ。よい仕事をするには……
ハイ!!
スパッ
あいさつはハッキリ元気よくな!
5分、10分
理解しにくい
理解しやすい
10秒

ポイント② 印象的な言葉を入れると効果UP!

あいさつができる男のほうが"かっこいい"ぞ!
ホ〜
なるほど!!

筋道立った論理よりも簡潔な言葉が心に響く

相手に何か伝えたいことがあるときは、いいたいことを論理立てて、きっちりと説明することが大切です。それなのに、結論にいたるまでに5分、10分……と時間をかけてしまったらどうなるでしょう？　聞いているほうは「一体、何がいいたいの？」とイライラを募らせていくはずです。

誰かを説得したい場合は、最初に結論を述べて、説明も短めにするべき。そのほうが、論点がはっきりとして、自分が何を伝えたかったのかが相手に伝わりやすいといえます。

たとえば、あいさつの声が小さい部下に上司が注意するときのことを考えてみましょう。もしも上司が「あいさつはすべての基本だから、それができないと社会人としても一人前とはいえない。（中略）わが社が成長していくためにも、君が大きな声であいさつすることはとても重要なのだ。ぜひ、あいさつは元気な声で頼みたい」などとクドクド説明しようものなら、聞いているほうはうんざりしてしまいますね。それよりも「あいさつは元気よくな！　そのほうがお互いに気持ちいいぞ」程度の簡潔な言葉のほうが心に響くのではないでしょうか。ちなみにこのとき、「あいさつできる男のほう

---

①サブリミナル効果
人間の潜在意識や、意識と潜在意識の境界領域に加えられた刺激によって発生する、行動や認知全般のこと。映像や音声の合間に、短いメッセージを挿入する形で効果を生み出そうとするケースが多い。過去に、マインドコントロールの一環として使用された事例もあることから、広告業界をはじめとして、その使用はタブー視されている。作り手側のお遊びで、映像中に無関係の画像や映像を挿入したことが、サブリミナル効果とみなされ、批判されることもある。研究は途上段階にあり、存在自体に否定的な意見も多いが、アメリカ

が〝かっこいい〟ぞ！」と、印象的な言葉を文中に含めると効果的です。部下から上司への報告も同様です。忙しい上司には、短い言葉で要点を伝えられる部下が好まれるのは当然のことです。

結婚式のスピーチや、政治家の演説もしかり。長いよりも簡潔なほうが好かれます。有名な例としては、「人民の人民による人民のための……」というフレーズで有名な、アメリカ合衆国第16代大統領・リンカーンのゲティスバーグ演説があげられるでしょう。

リンカーンの演説は、1863年、南北戦争の死者を悼む国営墓地が完成した際に行われました。会場には、教育家のエドワード・エバレットも招かれ、多くの聴衆が集まりました。エバレットは雄弁家としても知られており、聴衆は2時間におよぶ演説に聞き入ったといわれています。ところが、それに続いたリンカーンの演説はたったの2分で終了。その単語数は272語で、文字にすると1449文字しかなかったそうです。エバレットはリンカーンの演説を絶賛。歴史に残ったのもエバレットではなくリンカーンの演説でした。短く、簡潔な文章が、いかに人の心を動かすかという好例といえます。

短いメッセージのほうが受け手の印象に残りやすいという現象については、心理学的にも説明できます。1957年にアメリカ・ニュージャージー州の映画館で、「コーラを飲め」「ポップコーンを食

の大統領選挙ではよく、対立候補へのネガティブキャンペーンの一環としてて密かにサブリミナル効果を期待したTVCMが放映されているともいう。

べろ」というメッセージを5分に1コマの間隔で挿入したところ、売店でコーラとポップコーンが飛ぶように売れる、という出来事がありました。

「サブリミナル効果」は短ければ短いほど効果大？

この現象は「**サブリミナル効果**（①）」という名前で呼ばれ、心理学に限らず、多くの学者の間で現在も研究が進められています。サブリミナル効果は、受け手が気づかないほど短く提示しなければ効果が発揮されないといわれ、なおかつ、短ければ短いほど効果が高まるそうです。

オランダの**フローニンゲン大学**（②）に所属するスペイル博士は、0・12秒のメッセージよりも、0・04秒のメッセージのほうが説得に力を発揮すると発表しました。上司が「あいさつは元気に」と部下に語るときには、これほど短い時間で語ることは不可能ですが、短いメッセージが印象に残るという点は同様です。

ビジネスシーンに限らず、現代人には時間が足りません。今日からは話し方を改めて、相手の心に残る言葉を10秒くらいでスパッと語るスタイルに変えてみてはいかがでしょう？

---

②フローニンゲン大学
商工業の一大都市として知られる、フローニンゲン州にキャンパスを構える大学。1614年に創立された、オランダで2番めに古い歴史を持つ由緒ある大学。2万名以上の学生が在籍し、オランダの大学の中で3番めの規模を持つ。バルト・ボークや、フリッツ・ゼルニケなど、天文・物理学の分野で特に多くの人材を輩出している。

3回以上繰り返して話せば相手は必ずその気になる

部下をその気にさせるテクニック

実際はそうでもないけど…
君は社長候補だ！
社長になってもがんばってくれよ
社長になったらどうする？
そうか、オレは社長候補か！

ポイントは3つ

- 同じ内容のセリフを繰り返す
- 目安は3回以上
- 伝えたいキーワードを入れる

1回の場合だと…

君は将来の社長候補だ！
そんなワケないじゃん！

最初は「何の冗談？」でも2～3度めからその気に

身のまわりの誰かを見ていて「この人の才能を伸ばしたい」「秘めている力を出させてあげたい」と思うようなことはありませんか？　職場の部下や後輩、試験勉強に励む子どもたちのやる気を引き出すためには、上手な言葉で応援して「やれる！」という簡単な**暗示**（①）をかけてあげるのがよいでしょう。

相手をその気にさせるためには、特別な訓練は必要ありません。暗示の効果を高めようと思うなら、同じようなフレーズを3回以上繰り返して伝えればＯＫ。言葉を重ねることで、ポジティブな印象が心に刷り込まれるからです。

たとえば、上司が部下に対し、「君は未来の社長候補だ」と声をかけている場面を想像してください。いきなりそんなことをいわれた部下は、「何をいってるんだ⁉」と呆れ顔。しかし、その後に「社長になったらわが社を頼むぞ」「社長になったらこの会社をどうしたい？」と続けて声をかけたとしたら……。部下はしだいに、「あれ、もしかして本当に期待されているのかな？」と思い始め、最終的には「よし、この会社で頑張ってみよう！」とその気になってくることでしょう。相手にとってプラスになる言葉であれば、ためらう必

---

①暗示
メッセージ、記号、合図などを用いて、他者の行動、思考、感覚などを操作・誘導すること。暗示にかけられた者にとっては、誰かに心理操作されたという認識はない。暗示への抵抗性は、精神、体調に大きく左右され、疲労が蓄積した状態、睡眠が不足している状態が、もっともかかりやすいといわれている。また、暗示にかかりやすい人・かかりにくい人がおり、影響度には個人差がある。心理療法の一環としても利用されるが、一方で悪質な催眠術やマインドコントロールなどに利用されることがあり、問題視されている。

要はありません。どんどん声をかけて、その気にさせてあげましょう。

逆に、ネガティブな言葉も3回以上の刷り込みによって人の感情を動かし、行動を起こさせることができます。近年、急増している振り込め詐欺には、複数の犯人が被害者を追い込む「劇場型」と呼ばれる手口があります。その内容とは、刑事に扮した1人めが電話口で「お宅の旦那さんが会社のお金を横領した。このままでは懲役刑になる」と伝え、夫役の2人めが電話口で泣き崩れ、弁護士役の3人めが「いまなら示談にできるので、すぐにお金を振り込んで」と伝えるといったもの。

人づてに「お宅の旦那さんが会社のお金を横領したらしい」といわれても、最初は「まさかうちの人に限って……」と聞き流す人が多いはずです。しかし、2人、3人から情報を聞かされるうちに「主人は本当に横領をしていたのかも?」「何とかしなくちゃ!」と思うようになっていってしまうのです。

手間は3倍でも効果は何と6倍!!

繰り返しの刷り込みで暗示が強まることは、実験でも証明されています。アメリカの**ケント州立大学**（②）で、マリア・ザラゴザ

---

②ケント州立大学
アメリカ、オハイオ州ケント市ほか、州北東部に7つものキャンパスを構える大学。オハイオの昔ながらの自然に包まれた広大なキャンパスには、博物館やスケートリンクなどの設備が整えられている。また、スポーツが盛んなことでも有名で、特にフットボール、バスケットボール、アイスホッケーでは、多数のプロプレーヤーがここから輩出された。また、液晶技術の開発で実績をあげたことでも有名。

博士は2段階に分けて以下のような実験を行いました。第1段階は、255名の学生に5分間の強盗現場の映像を見せ、その後に映像には映っていない要素を暗示話法によって植えつけるというもの。映像に映っていた犯人は素手だったにもかかわらず「あの手袋をはめた犯人についてですが……」「犯人は手袋をしていましたが……」「指紋を残さないように犯人は手袋をしており……」などと、映像を見た学生に語りかけたのです。このとき被験者は、暗示が1回だけの組と、3回の組に分けられていました。

そして1週間後の第2段階において、被験者の記憶がどれくらい歪んでいるかを調べました。すると、1回だけ暗示をした場合と、3回の場合とでは、歪み具合に6倍以上もの開きが見られたのです。

人を従えようとして「よく聞け、一度しかいわないぞ!」「何度も同じことをいわせるな」と声を強めることもあります。しかし、3回繰り返すことで6倍も印象が深まるのですから、大事なことは根気よく伝えたほうがいいでしょう。愛の告白も最初は「どうせからかってるだけでしょ?」と思われるかもしれません。はたまた「タイプじゃないし」と相手にされない可能性も。でも、2度、3度と繰り返すうちに本気が伝わり、相手の気持ちも変わっていくかもしれません。大事なことは3回以上繰り返す……これは鉄則といえます。

ここぞというときのマル秘テク!!
高圧的な態度で交渉が優位になる

相手を心理的に追いつめる態度

眉間にシワを寄せる
イライラ
ムスッ
胸を大きく反らす
エッヘン!
大きな声で話す
できる!
やれる!
不快な音を発する
カチカチ
カチカチ
カチカチ
カチカチ…
カチカチ
カチカチ
カチカチ

心理的な圧力が相手を追いつめる

「A＝穏やかに紳士的な口調で接する」
「B＝荒々しく強い口調で接する」

交渉ごとをうまく進めるには、どちらの方法が有効でしょうか。

もしも交渉相手と末永くよい関係を築いていきたいのなら、前者Aのように柔和な態度で交渉の席に着くのも悪くはありません。しかし、どうしてもまとめたい交渉や、人生にかかわるような重大場面においては、後者Bのような高圧的な態度で交渉の席に着くことをおすすめします。交渉のノウハウを紹介する本やセミナーなどの多くは、Aのような態度をすすめる例がほとんどですが、実際のところは強い口調やオーバーアクションなどを用いるBのほうが、勝率の高さという点で優れていることが知られているのです。

そのことを裏づける実験は、**スタンフォード大学（①）**のマーワン・サイナソーによって行われました。サイナソーは、ヘッドハンター役と、ハンティングされる側の人物役（交渉者）の同性ペアを何組も用意。ペア内で、給料、勤務地、休暇日数などを調整するための交渉を行わせました。その後、有利な条件を獲得した交渉者の態度を分析したところ、大きな声を出す、眉間にシワを寄せている、

---

①スタンフォード大学
カリフォルニア州にキャンパスを構える。アメリカIT産業の中心地、シリコンバレーの中に位置することもあり、検索サービスGoogleの創始者ラリー・ペイジなど、多くのIT技術者や企業家を輩出した。

敷地面積は8180エーカー（約1千万坪）で、アメリカの大学の中でも屈指の広さを誇る。学生自身がガイドを務める、キャンパスツアーが名物。マサチューセッツ州にあるハーバード大学と並び、アメリカ合衆国を代表する名門私立大学として知られる。

胸を反らせている、交渉中に不快な音を発しているといった傾向を発見。そうした結果から「怒りっぽい交渉者ほど、よりよい条件を手に入れる」と結論づけたのです。自分の意見を押し通したいときは、多少強引にでも強気な態度を示したほうがよいといえるでしょう。意見を押しつけられた側にはその場を逃れたいという心理が働き、ついつい条件をのんでしまう傾向があります。態度だけ見れば、交渉する側・される側が、席に着いた時点で決着は明らか。それほどまでに、交渉に臨む際の態度は重要なのです。

「商談」という交渉を仕事にしている営業マンにも、多少の強引さは必要です。対する消費者側も、不要な押し売りを退散させるには、キッパリした強い口調が決め手になるでしょう。また、好例とはいいがたいのですが、借金取りや押し売りが、大声を出し、荒々しい口調を用いるのは、一連の効果を狙ったものといえます。

威圧的な態度は大事な場面でだけ使う

相手を威圧することで、無理を押し通した人物としては、アメリカの伝説的な弁護士である**クラレンス・ダロウ**（②）の存在も有名です。ダロウは、重刑確実な殺人犯でさえも無罪にしてしまうとま

---

②クラレンス・ダロウ
1857年生まれ。アメリカ人弁護士で死刑廃止論者でもあった。そのため、誘拐殺人犯、レオポルドとローブの裁判など、罪を認めて死刑確実とされた被告人の弁護にも進んで臨み、持論を世に広めようと励んだ。多くの有名裁判で弁護人を務め、進化論裁判として有名なスコープス裁判（通称モンキー裁判）で弁護人を任されたことでも有名。1938年没。

でいわれ、胸を反り返らせながら、高圧的な態度で弁護をする人物でした。ダロウ弁護士は、サスペンダーのゴムを伸ばしては弾き、裁判所内に「ビシ、ビシ」という音を響かせていたといいます。人を心理的に追い込むには、彼のように、目の前で不快な音を立てることが思いのほか効果的です。試験の最中に、誰かがシャープペンシルをノックする「カチカチ」という音が気になって集中できなかったという話や、他人が貧乏ゆすりする「ガタガタ」という音にイライラするといった話はよく聞きますよね。

ダロウ弁護士の高圧的な態度とサスペンダーの不快な音が、裁判に立ち会った人を心理的に追いつめ、有利な判決を導くのに役立ったといわれているのです。

しかしながら、われわれがいつもダロウ弁護士のような態度で過ごすのは、あまり感心できたものではありません。怒りっぽい態度を見せるのは「ここぞというとき」に限定したほうが、〝いざというときに頼れる人〟という評価につながります。だから普段は、「快活で大きな声」を常に心がけておきましょう。会社での会議においても、大きな声でしゃべる人のほうが有利。小さな声でしゃべっていると「自信がないのかな」「頼りないな」と思われ、それだけで意見が通りにくくなります。

どうしようもできない依頼は「悩んでいるフリ」でやり過ごす

“親切”が人気者のポイント！

ずっと一緒にいようね
結婚を決めた
一番の理由は…
“親切さ”

親切な人が社内でも好かれる！

こんなときは親切さをアピール
…うーん…
困ったなぁ…
どうしたの？
悩みごと？
一緒に
考えようか？

注意点!!

- 何でもかんでも相手に合わせない
- 否定のあとは、しっかりフォロー！

力になれないと悟っても一緒に悩んであげましょう

どうにもできない無理難題を抱えて悩んでいる人を見かけたら、できれば助けてあげたいと思うのが人の情。ところが、いつでも力になれるとは限らないのも現実です。もしも誰かから助けを求められ、力になれないと悟ったときはどう対応するのがベターなのでしょう？　そんなときは、とにかく一緒に考え、一緒に悩んであげましょう。試しにこんな状況を思い浮かべてみてください。

あるプロジェクトを任された部下が、予算不足に悩み上司に相談を持ちかけたとします。しかし、上司としても予算を追加するわけにはいかないため、先行きは思わしくありません。

そんなとき、上司は「いますぐに予算を増やすことはできないが、こちらでもアイデアを考えてみる。だから君も、あとひと踏ん張りしてくれないか？」と切り返すのがベターです。声をかけられた部下は、一緒に考えてくれる協力者を得たことで「この人に相談してよかった」「もうちょっと頑張ってみよう」とポジティブな状態で持ち場に戻れることでしょう。意外に思われるかもしれませんが、ネガティブな返答をした直後に、「力になりたい」という態度を示すことで最初の印象は打ち消すことができます。

例にあげたような状況において、結果的に上司が予算追加を許可できなかったとしても、また何ひとつアイデアをひねり出せなかったとしても、部下の心には〝一緒に考えてくれた〟という好印象が残ることになるのです。しかし、部下からの相談を「それは君が考えることじゃないのかね？」と冷たく突っぱねていたら〝拒絶された〟という印象しか残りません。もちろん、どちらも結果は同じ。

それでも相談を受けた際は、そぶりだけでもいいので、代替案を一緒に考えようと態度に出すことで、相手が抱く印象は180度違ってくるのです。

親切な人は好かれ拒絶する人は嫌われる

とはいうものの、拒絶が悪いといっているわけではありません。要求が高過ぎたり、タイミングが急過ぎたりすれば、少しの対応すらできないこともあるでしょう。そんなときは、はっきりと断ったほうが相手のためになる場合もあります。そのうえで、要求をのめない理由や原因を整理して伝え、相手の苦境話や**愚痴**（①）に耳を傾け、さらに慰めてあげるといったフォローを忘れなければ、相手からうらまれる心配はないでしょう。

---

①愚痴
自分の抱えている問題や、現状への不平不満を、第三者に漏らすこと。一般的に、愚痴は相手に気を使わせるだけで、抜本的な問題の解決法を導き出さない行為として、忌み嫌われる傾向にある。ただし、愚痴もこぼすことで、溜まりに溜まったフラストレーションをガス抜きする効果が期待され、精神衛生上はある程度必要なものだともいわれる。愚痴をこぼすということは、フラストレーションが心からあふれ出している状態であるともいえ、心の危機信号であると解釈することもできる。

こうした例を見ると、無理な要求で頼られたときは、こちらの親切心をアピールするチャンスだといえます。力になれる・なれないは二の次です。「あなたの一大事は私の一大事でもあるのです」と伝えることで、相手との親密さは一段と深まることでしょう。この好機は逃すべきではありません。親切心というのは、人間関係において非常に重要な要素です。その証拠に、**ミシガン大学**（②）のデビッド・パス教授が92組の夫婦を対象にした調査によると、結婚を決めた理由としてもっとも重要視されるのは親切心だったことがわかっています。

この結果は、親切な人がいちばん好かれると言い換えることができます。その逆に、もっとも嫌われるのは、いうまでもなく他人を受け入れようとしないタイプだといえるでしょう。人の言い分を聞こうとしない人は、信頼を失いかねないのです。相手の悩みに親身になることで親切心を伝えられるというのは先にも述べたとおりです。上手に親切心をアピールできれば、夫婦関係に匹敵するような信頼を相手と結ぶことも可能になります。

これは職場の上司と部下、自社と取引先との関係などにおいても活用できます。自分の立場をよりよく維持するためにも、困っている人を見かけたら、一緒に対策を考えてあげましょう。

---

②ミシガン大学
アメリカ・ミシガン州アナーバー市にキャンパスを持つ州立大学。州立大学としては、カリフォルニア大学バークレー校と並んで、最も高い名声を誇る。TIMES世界大学ランキング（2010年度）で15位につけたこともある。心理学部の評価も高く、USNEWS主要研究課程ランキングの心理学部部門で、全米2位を記録したほど。また、太陽光発電の研究にいち早く取り組んだことでも知られ、90年代のソーラーカーレースの活躍が有名。

“先手必勝”で交渉をリードできる

なぜ、先手を取ると有利になるのか？

上司
部下
3時までに書類を出してね
4時までには何とか…
上司が先手を取って有利に
上司
部下
6時までに書類を出しますね
5時までに何とかならんかね
部下が先手を取って有利に

先に出した条件が基準になる！

交渉の大原則は先に基準値を設けること

〝先手必勝〟という言葉はよくご存じだと思います。先に動いたほうが有利というのは、スポーツやカードゲームなど、勝負ごとにおける原則のひとつ。最初から自分のペースで動けるという面で精神的にも優位に働くことが多いのです。交渉ごとにおいても、先手を取るということは重要です。あなたも「相手のペースにのまれたまま話が進み、自分の要求を通せずに終わってしまった」という経験があるのではないでしょうか？　なぜそうなってしまうのか。原因のひとつとしては、自分の要求と相手の要求に開きがあるということがあげられます。

両者が望む終着点が一致していれば話はスムーズに進みますが、そもそもそれが難しいために交渉があります。「軽くジャブを出して探ってみたら、一致していた」というケースもありますが、なかなかそうはいかないもの。探って出てきた相手の要求が予想以上に高く、難航するケースもあり得ます。そうならないためには、先に自分から条件を提示するということが重要です。相手の要求が高い場合、それが話し合いの基準値となるため、心理的にそこから大きく離れた値は提示しづらくなります。それが、自分から先に条件を提示した場合、状況は真逆になります。自分の要求が基準値となることで、相手も自然とそれを意識することになり、話し合いの主導権を握ることができるのです。

〝譲ってあげた印象〟で心理的にも優位に立てる

ビジネスシーンでは〝利害の衝突〟による交渉が頻繁に発生します。わかりやすいところでは〝金額〟の交渉です。たとえば、100万〜120万円で収めたい仕事の発注について、相手から先に「130万円ならやります」と提示されてしまうと、あとから「100万円でお願いできないでしょうか？」とはいい出しづらくなります。話し合いの末、120万円になったなら「予想の範囲内だしいいか」ということで落ち着いてしまうのではないでしょうか。それを自分から先に「90万円でお願いしたいんですが」といってみたらどうでしょう？　相手側もそこから130万円には釣り上げづらく、100万〜110万円ほどで落ち着いたとしても先ほどより安い額です。

もちろん、中間の値で落ち着く交渉ばかりではなく、先手を取ったとしても希望どおりの額にはならない可能性はあります。それで

①アダム・ガリンスキー
社会心理学を研究するアメリカ・ノースウェスタン大学の教授。感情を制御できない状況における精神コントロールの実験や、権力者の情報評価能力についての実験などを行っている。

②コンサルティング会社
コンサルティングとは専門的な相談に乗ること。日本の社会においては、顧問、相談役という立場となり、役職として設けている企業も多い。それを業務とする会社はコンサルティングファームと呼ばれ、企業から依頼されて戦略や人事などにつ

も、交渉後の印象をよくするという面で、この先手必勝作戦は効果を発揮します。要求を先にいうことで自分が頼まれる立場となり、相手の要求をのむことで、相手には〝考慮してもらった〟という印象を与えるからです。その次の別の交渉では、前回譲った立場として話し合いを優位に進めることができるでしょう。

この先手必勝の心理は、会社と新規採用者を対象とした実験でも実証されています。アメリカのノースウェスタン大学の**アダム・ガリンスキー**（①）教授は、**コンサルティング会社**（②）で新規採用者とのボーナス交渉の場面を調査しました。実験は、採用する企業側が先にボーナス金額を提示するグループと、採用される側が先にボーナス要求額を提示するグループに分けて行われました。

すると、前者の平均額が1万2887**ドル**（③）であったのに対し、後者の平均額は1万7843ドルとなりました。新規採用者が先にボーナス要求額を提示した場合のほうが、高い金額を手にするという結果になったのです。これは新規採用者が高い基準値を提示して主導権を握ることができたということです。例として金額を用いましたが、これは〝時間〟でも〝量〟でも応用できる交渉テクニックです。ただし、両者の要求に差があり過ぎると決裂しかねないので、条件を提示する際は、加減を見極めることが大切です。

いて支援をする。多くの企業とやり取りするため、広い分野の専門的な知識が必要とされる。主な企業としては、マッキンゼー&カンパニー、デロイト トーマツ コンサルティングなどがある。

③ドル
この場合はアメリカドル。過去15年ほどは1ドル100〜140円ほどを推移していたが、近年は円高ドル安の傾向がある。

反応の悪いプレゼンではあえて短所をアピール

プレゼンテーションで勝つためには？
相手が否定的なら…
反応がよくない…
両面提示
（長所と短所を合わせる）
時間はかかりますが、利益も出ますし人気も上がります！
相手が肯定的なら…
イイ感じ！
一面提示
（都合のよい情報だけ）
利益も出ますし、人気も上がります！
他にも…
教育水準が高い人には両面提示が効果あり！
エリート
両面提示だと…
ただ、オイシイってわけじゃないんだね、なるほど
一面提示だと…
そんなうまい話があるわけないだろう

一面提示と両面提示を使い分けて説明する

プレゼンテーション（①）の場で相手を説得するには、どういった方法をとればよいのでしょうか。

「説得」とは自分の要求や意見への同意、納得を引き出すことです。どんなに言葉を尽くして説明しても、相手がその意見に同意できなければ、意味がないのです。

一般的にプレゼンで勝つ方法として有効だとされるのが、「具体的な数字を使って説明する」「わかりやすい企画書を用意する」「ゆっくりとした口調で話す」などの方法です。これらがプレゼンにおいて重要なことは間違いありませんが、ここでは心理学的観点から、相手の**性格（②）**や好みをヒントに効果的に説得する方法を説明していきましょう。アメリカの心理学者ホブランドが、効果的な説得方法のひとつとして、「一面提示」と「両面提示」の使い分けを提案しています。一面提示とは、自分に都合のよいポジティブな部分だけを相手に提示・アピールすること。逆に、両面提示とは、ポジティブな部分を説明しつつも、ネガティブな面も提示する方法です。

たとえば、自社の企画商品を相手にプレゼンする場合、一面提示なら「絶対に売れますし、人気も出ます」といった具合でよい部分

---

①プレゼンテーション
ビジネスの場では取引先に対しビジネスプランを説明し、受け入れてもらうことを目的とする。学問の場では自説を紹介し、他の研究者に納得してもらうことを目的とする。複数の対象者に、自分の意見・主張を受け入れてもらう、という性質上、人間心理の習熟が成功率に大きく影響する。また、話者は複数の聴衆を相手にする必要があるために、非常に緊張しやすい状況にある。このため他人の心理だけでなく自分の心理をも理解・操作することが不可欠。こういった背景から、プレゼンのテクニックには心理学の理論が多く利用され

を前面に出し、そのことだけを提案します。

反対に両面提示なら「時間とコストは多少かかりますが、絶対に売れますし、人気も出ます」とネガティブな面も紹介し、説明します。このように2パターンの提示方法を状況に応じて使い分けることが、プレゼンや営業で成功する秘訣です。

次に使い分ける状況について説明します。両面提示のほうが効果的なのは、相手の最初の反応が否定的な場合。相手が懸念しているマイナス面を最初に紹介することで、相手の心配を解消し、信頼を得ることができます。逆に一面提示を利用するのは、相手が最初から肯定的で、こちらの話に乗り気な場合。プラス面を紹介することで、相手の気持ちをさらに後押しすることができます。

相手を見極めてから提示方法を選択すること！

さて、さらに重要な話があります。それは、冒頭でも述べたように、相手の性格や好みに合わせて一面提示と両面提示を使い分けることです。では、それぞれの提示方法が効果を発揮しやすい人の特徴はどういったものでしょうか。

まず一面提示ですが、「商品や業界、事柄に関する知識や経験が

ている（たとえば、話す内容の順番を調整することで、相手への印象を操作する「親近効果」など）。

②性格
対象の性質のこと。人間だけに限らず、動物やモノの性質を説明する場合にも利用される。性格は各個によって、それぞれ差があるが、心理学では昔からそれらの千差万別な性格を、いくつかのカテゴリに分類する試みが行われてきた。たとえば心理学者のユングの場合、人間の性格を外向的か内向的かの2分類、思考・感情・直感・感覚の心理機能4分類の組み合わせで8つに分類している。しかし、

乏しい人」「提示する内容や商品に関心が低い人」「面倒を嫌う人」などに効果的です。提示する内容について知識が乏しいと、ネガティブな要素が少しでも入ったときに、突然、拒否反応を起こす可能性があり、ほかのポジティブな要素が頭に入りにくくなるからです。

次に両面提示で効果を発揮しやすい人は「提示する内容や商品に対して知識や経験が豊富な人」「教育水準の高い人」「自分のことを頭がよい、教養があると考える人」などです。これらの人は、メリットを説明しても「そんなうまい話があるわけがない」とまず否定的な考えから入る傾向にあります。なので、多少のデメリットを説明しつつ提示すると、納得しやすくなるのです。このように提示する相手を見極めたうえで、提示をしなければ、せっかくの提示方法も台無しです。

ベテランの販売員の中には、相手の性格や温度を見極めるため、最初に軽い質問を投げかけ、相手がどれだけ知識を持っているかを確認してから提示方法を決める人もいるといいます。これはプレゼンの場でも活かせるテクニックで、まず具体的な提示をする前に、相手の知識や関心度などを探ってみましょう。この結果で提示方法を使い分ければ、相手をコントロールすることもできるはずです。

性格分類は各研究者の専門分野の特徴や、研究成果によってさまざまなバリエーションがあり、特に定まった分類法は確立されていない。

衝突を避けたい人とは水曜日に会わないようにする

ロゲンカが多いのは水曜日

月
火
水
木
金
曜日ごとの
ロゲンカをする回数
他の曜日に
差は少ない
ダントツで
多い！

なぜかというと…

週の真ん中になると気を抜きやすいから！

今日、化粧濃くないですか？
なんですって!!
水曜日は
発言に注意

統計からわかる他人と衝突しやすい曜日

うっかり発言で他人を怒らせ、会社や学校での立場が悪くなったことは、誰でも一度くらい経験したことがあるものです。

できることならば避けたい、そうした人間関係のトラブルを、事前に予防する方法はないものでしょうか。トラブルを完全に避けることは難しいですが、注意すべき「曜日」はあります。うっかり発言をきっかけに口ゲンカが起きやすい「曜日」があることが、統計によって明らかになったのです。

アイオワ大学（①）のスティーブ・ダック教授が行った調査によると、1週間（ウィークデイ）のうち最も口ゲンカをした回数が多い曜日は水曜日というデータが出たそうです。

最近は普通に使われるようになりましたが、精神医学などに用いられる「**ブルーマンデー（月曜病）（②）**」という用語があります。前夜どうしても寝つけず体調がおかしくなったり、憂鬱な気分に襲われて会社や学校に行きたくなくなるなど、週明けの月曜日になると決まって起きる心身の不調を指したものです。ここでいう「ブルー」は、「憂鬱」を意味しています。「青」が持つ、どこか寂しげなイメージからの連想でしょう。

---

①アイオワ大学
アイオワ州アイオワシティにある、州立の総合大学。1847年に創立された。地球高層の放射線帯である「ヴァン・アレン帯」にその名を残す物理学者ジェームズ・ヴァン・アレンは、同大学で博士号を取得している。同じくアイオワ州立の大学にアイオワ州立大学があり、混同しやすい。

②ブルーマンデー（月曜病）
本文で解説しているように、週明け月曜日に起きる心身の不調に着目した用語。あくまで土日曜日が休みとなる一般の会社員、学生に視点を置いた呼称であり、水曜日が休日とい

このような症例があることを踏まえて、月曜日には誰もが精神的に不安定でイライラしているため、必然的に口ゲンカも増えるのではないかという仮説を立てたダック教授らのグループは、さっそく調査に取りかかりました。

結果は先に述べたとおりです。意外なことに「人間関係で衝突が起きるのは水曜日」であることがわかったのです。

水曜日だけ気をつければトラブルは回避できる!?

週末に思いきり羽を伸ばした人は、その解放感からくる反動で、週が明けた月曜日にはストレスを感じてうかつな発言も増えるに違いない。思わず、なるほどといいたくなるような考え方ですが、現実はそうはならなかったのです。

データからは、さらに意外なこともわかりました。最も口ゲンカをする回数が多いと予想していた月曜日は、むしろ他の曜日に比べて回数が少ないことが明らかになったのです。

休み明けの月曜日は、週末でリセットしたリズムを整えなければならないため、なかなか調子が上がらないことが多いのは確かです。

ただ、リセットされたということは、同時に気持ちがリフレッシュ

う仕事をしている人は木曜日に症状が出る。その場合も、ブルーマンデーという呼び方は変わらない。日本では「サザエさん症候群」と称されることもあるが、これはTVアニメ「サザエさん」の放映時間（夕方6時30分～）に、休日の終わりを実感する人が多いためだ。

したということでもありますから、新鮮な気持ちで物事に向き合うことができるというのも一面としてあるのかもしれません。

もしくは、これから1週間が始まるのだという特別な緊張感が作用して、意識的に発言に気を使うことが多いとも考えられます。だからこそ、人間関係のトラブルが起こりづらいというわけです。

そうした新鮮な気持ちも、週の真ん中あたりになるとすっかり薄れてしまいます。緊張も解けて気持ちが緩んできます。

「今日のお化粧、濃くないですか」などと、うっかり同僚の女性にこんなことをいって大変な不興を買うのも、たいていは週の真ん中。水曜日に起きがちなことです。

ダック教授のデータからは、水曜日だけがダントツに口ゲンカの回数が多く、他の曜日の間には極端な差異は見られないという事実も読み取れます。

つまり、最もトラブルに気をつけるべきは水曜日。この日さえ無事に乗り切れば、あとは変わらないということなのです。

したがって、ビジネス上の取引でクライアントと会うなど、重要な交渉ごとを行うには、意識的に水曜日を避けるのが得策です。それが難しい場合には、失言などしないよう、いつもより努めて気をつけるつける必要があることはいうまでもありません。

気になるあの人から返信が欲しければ最後に「ありがとう」と添える

「ありがとう」と添えるだけで返信確率急上昇!!

かつて人と人とが互いにコミュニケーションをとろうとすれば、直に対面し、言葉を交わす他ありませんでした。

それがやがて文字の発明とともに、長距離間の意思疎通を可能にさせる、手紙なる手段が生まれました。近代に入ってからは電話が登場。時間を共有しつつ、情報を交換できる手段が確立されたわけです。

そして現代。インターネットの発達とともにメールが普及し、同時に手紙や電話も変わらずに現役手段としての役割を果たしています。現代という時代は、これまでにない豊かなコミュニケーションの時代を迎えたといえるのではないでしょうか。

新しい手段が古い手段に完全に取って代わらないのは、それぞれのコミュニケーション手段にメリットとデメリットがあるからです。パソコンや携帯電話を介したメールのようなコミュニケーションのよさは、その気軽さ。電話のように連絡がきたらすぐに返事をする必要もなく、自分のペースを保つことができます。

一方のデメリットといえば、メールでのやり取りは相手の顔が見えないため、相手の本当の思いを知るためのヒントが限りなく少ないことでしょう。また、自分がすぐに返事をしなくてもいいのと同様に、相手も自分のペースでしか返事をくれません。

相手からの返信を待つ時間はとてもやきもきしますよね。私立ペンシルベニア大学のアダム・グラント博士の研究が、この問題に答えをくれるかもしれません。博士はある心理学実験のために被験者を集め、実験を終えた後で、再度新たな実験をお願いできないかを全員にメールで連絡しました。実はこのメールが実験の本番。メールの文面には「今回参加してくれてありがとう」と最後にひと言添えた場合とそうでない場合の2パターンがあったのですが、前者のほうが返事をくれる確率が倍以上になったのです。特に感謝をすることがなくても、文面に「ありがとう」と加えることで、あなたへのメール返信率は格段に上昇するでしょう。

アドバイス

感謝の気持ちは人間関係の基本 いわれてイヤな人はいません。

部下と飲みに行きたいなら素直に本音で誘おう

上手な部下の誘い方

みんなの信頼を得たい……
お前ら、金持ってないだろ。おごってやるよ！
けっこうです！
偉そうなんだよ！
みんなのことを知りたいんだ。飲みに行かないか？
いいですよ。
正直な人だなぁ

カリフォルニア州立大学での実験

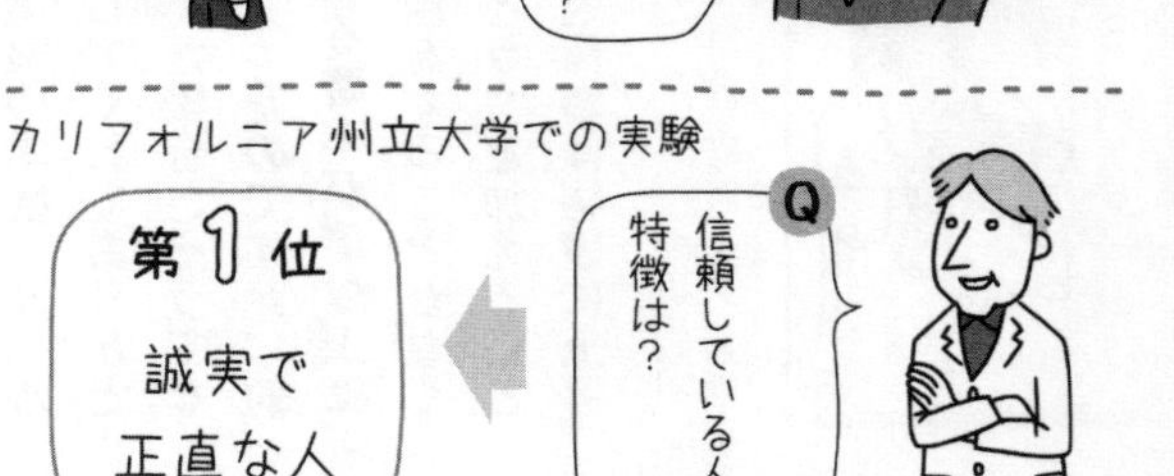
Q
信頼している人の特徴は？
第1位
誠実で正直な人

おごってやるという態度は部下に敬遠される

古い言葉ですが、職場の上司と部下、あるいは同僚同士が飲みに行って親睦をはかることを「**飲みニケーション**（①）」ということがあります。最近は若い人ほど職場での飲み会を嫌う傾向があるといわれますが、それでも飲みニケーションが絶えてなくなったというわけではありません。

上司と部下という関係では、上司から声をかけるのが普通です。そのとき、仮に誘ったのが魅力のある人間であれば、誘われた側はよほどのことがない限りイエスと答えることでしょう。逆にいうなら、飲みに誘って毎回部下に断られるのは、誘った上司の側に魅力がないからなのです。

誘うときには、どのように誘うかも大きな問題になってきます。よく「おごってやるぞ」「飲みに連れて行ってやるぞ」という上司がいますが、これなどは言語道断です。こういう傲慢な言葉で誘ってくる上司と酒席を同じくしても、間違いなく楽しむことはできないでしょう。自分の優越感を満足させるための、上から目線でのお説教をされるなどして、悪酔いするハメにもなりかねません。それでは、せっかくのおいしいお酒も台無しです。

---

①飲みニケーション
「飲む」＋「コミュニケーション」からきた造語。酒の席を通じた交流全体を指す言葉だが、職場での同僚同士（上司と部下含む）のケースに主に用いられる。本来ポジティブな意味であったものの、職場づき合いを嫌う若手社員の増加などで、現在はネガティブな意味合いで使われることが多くなった。また、飲み会の席などで親睦を深める文化は、世界的には少数派であるといわれ、日本企業のグローバル環境への進出も、こういった風習を廃れさせている原因とも考えられる。

また、このような誘い方をする上司ほど、自腹を切らずに会社の経費を使うことが多いのも特徴です。せめて自腹だったら少しは感謝の気持ちも湧くのですが、会社のお金では、ありがたくもなんともありません。そうこうするうち、当たり前ですが誰もこの上司の誘いを受けなくなってしまいます。哀れなことに、自分の言葉が部下の心証を著しく害していることに気がつかないのです。

「どうして、みんなオレの誘いを断るのだろう」

そういって嘆いても後の祭りです。

職場で信頼されるのは誠実で正直な人

カリフォルニア州立大学のポール・シンドラー博士は、あるとき製薬会社の依頼を受け、66人を対象に、どんな人が職場で信頼されるのか調査を行ったことがあります。その結果、職場で信頼される人は「誠実で正直な人」であるというデータが出ました。誠実で正直とは、つまり本音で語るということです。

部下とお酒を飲みたいならば、それを素直にいえばいいのです。たとえば、「たまには若い君たちの話を聞きたいんだ。つき合ってもらえないかな」と正直な気持ちを告げるのです。

別に媚びろというわけではありません。仕事上の上下関係があろうとも、互いに一個の人間同士であることに変わりはありません。要するに、人と人とのつき合いには最低限の敬意が必要ということです。頭ごなしに「おごってやるぞ」などといっていては、誰もついてこないのは当たり前です。確かに、地位が上がっていけばそれに応じたプライドが生まれるものです。しかし、そうしたプライドをアフターワークにまで持ち込まれては部下はたまりません。

「そこにできた新しい店、覗いてみたいんだけど一緒にどうかな。ひとりじゃ心細くてさ」

このように誘えば、部下も無下に断るようなことはないでしょう。相手には相手の都合もあります。断る部下をしつこく誘うのもタブーです。状況によってはパワハラになってしまいます。

また、相手が女性の場合は、悪意がなくともセクハラと受け取られることがあります。それは誘われた女性にとってだけではありません。誘われなかった女性に対しても、マナー違反を働いていることになります。たかが仕事のあとの一杯じゃないかと思われる人は多いかと思いますが、たとえ相手が自分の部下であっても敬意を払うようにしましょう。それが、飲みニケーションにおける最低限のマナーです。

交渉相手が不満を感じていたら その場で吐き出させる

人の不満は時間に比例して大きくなる

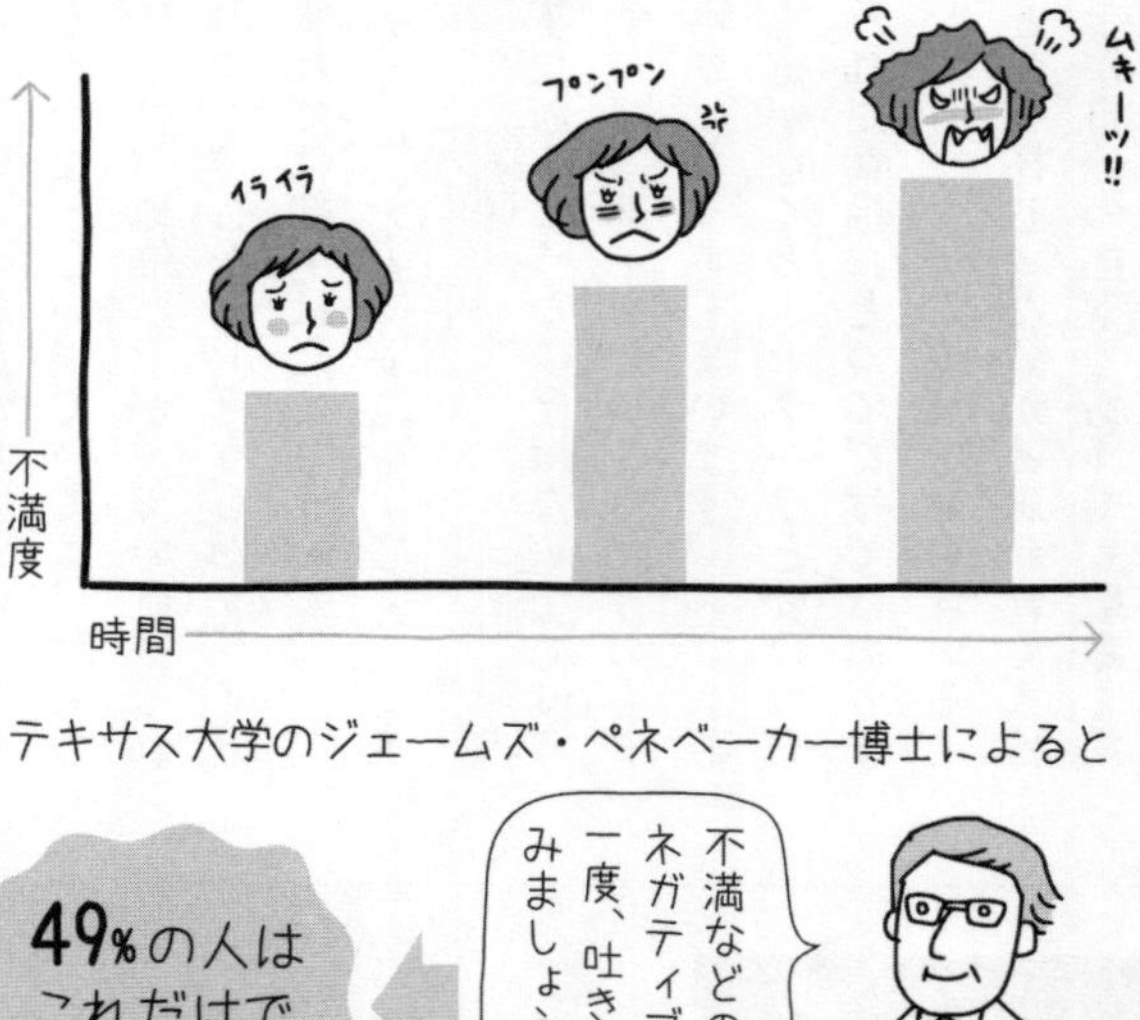
イライラ
プンプン
ムキーッ!!
不満度
時間

テキサス大学のジェームズ・ペネベーカー博士によると

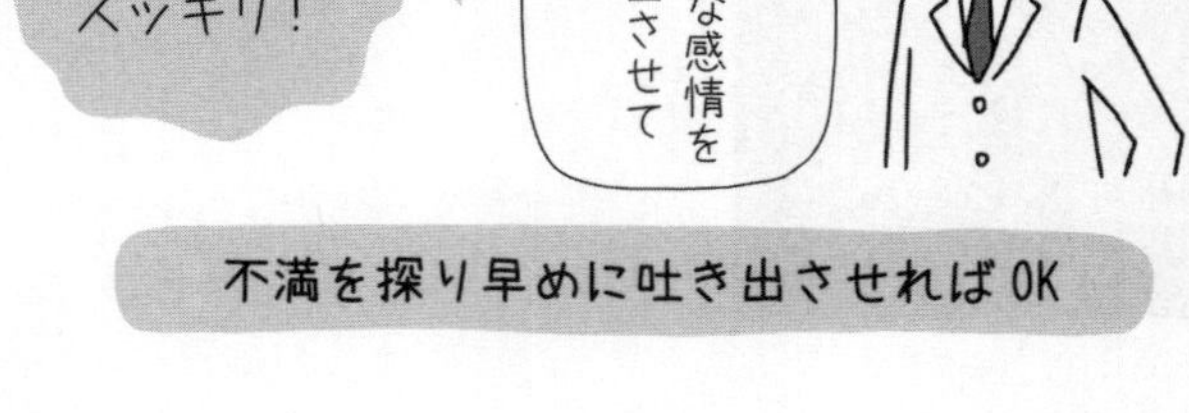
不満などのネガティブな感情を一度、吐き出させてみましょう
49%の人はこれだけでスッキリ!

不満を探り早めに吐き出させればOK

時間をおくことで不満は大きくなっていく？

現在勤めている会社で、営業マンとして活躍されている読者の方に質問です。取引先への営業活動の中で、相手の反応は悪くないのに、結果的に商品が売れなかったり、契約に至らなかった経験はありませんか。商品が売れない原因はいくつも考えられますが、商品の内容自体に問題がなかったとすると、相手への説明方法や話し方に原因があったのだと推測できます。

また、話し方に問題がなかった場合も、たとえば「実際に商品が見たかった」というように、営業方法に**不満**（①）を感じたお客もいたかもしれません。契約に至らないということは、何らかの不満を相手が感じたということですが、実は、往々にしてこの不満は、相手自身も気づいていないことが多いのです。

加えて、不満というのは時間が経過するにつれて徐々に大きくなっていくもの。説明を受けた直後は「実物があればよかったな」程度だったとしても、数日後に再度連絡をしてみると「何で実物を見せてくれないんだ⁉」と不満が増してしまう可能性もあります。こちらからすれば、「最初にいってくれれば見せたのに……」と思わずにはいられませんが、相手も自分が意識していないことを、他

---

①不満
相手が自分の気持ちを理解してくれていないと感じたときに起こる心の状態。お互いの理解に何らかの問題が生じている証拠。また、何かをしてもらう立場にあるとき、相手に対して「～してくれない？」という依存の状態を表す。幼い頃は自分でできないことが多く、親に依存する形になるので不満を感じやすい。不満を感じるということは自立心が少ないことの表れで、誰かに頼りやすい人ほど不満を感じやすくなる。ただ、自立心が高くても、不満を感じないという人はいない。

人に話すことはできませんよね？

そのため、特に営業活動においては、お客の意識していない、お客の欲求・不満を知る必要があります。仮に相手の心理を読み取れないとしても、不満を探り吐き出させることは誰にでも可能です。

たとえば説明が終わった後、「以上で説明を終えさせていただきますが、何かご質問はございますか？」とお客に尋ねたとします。このとき不満を意識していないお客は、「大丈夫です」「ありません」などと返事をするでしょう。このとき「そうですか、ではよろしくお願いします」と帰ってしまうのではなく、「私の説明で至らない部分があると思いますが……」などと、相手に自分の**評価**（②）を求め、不満を探る会話を試みるのです。すると「いやいや、そんなことないよ。ただ、実際の商品が見られればね」などと、お客が不満を言葉にする工程を補助することができます。

こうなれば「次回お持ちしますので」と次の約束を取りつけ、相手の不満をその場で解消することができるでしょう。

テキサス大学のジェームズ・ペネベーカー博士は、「不満などの**ネガティブな感情**（③）を吐き出させると、約49％の人はそれだけでスッキリしてしまう」と、独自の研究結果を発表しています。先ほどまで怒り狂っていた上司が、辺りかまわずわめき散らした後、

---

②評価
相手が思う印象に対して価値を定めること。印象が上がることで第三者からの評価も上がり、下がれば相手にされなくなることも。一般的な会社では、売り上げなど数値化されたものに対する価値として使われる場合が多い。

③ネガティブな感情
否定的、消極的など物事を後ろ向きにとらえるマイナスな考え。ラテン語の「negativus」が語源で、「否定的な～」という意味を持つ。反対に前向きにとらえる考え方を「ポジティブ」という。この2つの関係は相手がいる場

ウソのようにスッキリとした表情を浮かべていたこと、ありませんか？　結果的に問題自体は何も解決をしなくても、自分の意見・不満を吐き出すだけで、心が晴ればれとし、不満自体がやわらぐケースがあるのです。

解決できなくても吐き出させることが重要

営業先の相手によっては「お話はわかりました」と、体よく厄介払いしてくる人もいるかもしれません。

こういったときには、解決できないにしてもまず不満を吐き出させる作業が必要になってきます。説明全体を通して質問を投げかけても「わかりました」と一蹴されてしまいますが、具体的に「○○の部分はどのように思われますか？」と答えやすくさせるなどの工夫をすれば、相手が商品に興味を持っていない場合でも不満を吐き出させ、少しだけでも気分をスッキリさせることができます。

人間というのは気づかないところで何かしらの不満を持っているもの。その不満が、取り返しのつかないくらい大きく膨れ上がる前に、何とか相手の気持ちをガス抜きしてあげたいものですね。

合、常につきまとう問題で、自然な関係性の中で生まれるもの。よりよい関係性を築いていくには、相手の否定的な考えをしっかりと受け止め、ステップアップに活用していくことが大切になる。

多数派意見を使えば ウソでも人は同意する

“仲間ハズレ”はみんなイヤ

来週から
会議時間を
早くする
えー!?
ヤダヤダ
他のみんなは賛成
してくれたんだけど、
来週から会議時間を
早くする
わかりました…
みんなが
賛成するなら…

多数派意見を使うコツ

- “みんな”“ほとんどの人”などの言葉を入れる
- 数字で提示する場合の目安は “4 分の 3”
- すぐにバレてしまうウソはNG

仲間外れを嫌う「同調傾向」の現象

もともとは自分の意見を持っていたのに、自分以外の人が違った意見をいっているのを聞いて何だか不安になり、意見を曲げた経験はありませんか？

これは、仲間外れにされたくない思いからくる「**同調傾向**（①）」と呼ばれる心理的現象です。この同調傾向が、かなり広い範囲で同時に起こると、流行やブームになります。同調傾向は、人に嫌われたくない、自分だけ違うのは恥ずかしいと考える人に強く見られる性質です。彼らにとって、曲げてしまった意見は、内心はまったく正しいとは思っていないウソの意見。嫌われたくない一心で、みんなと同じ答えをいっているにすぎません。この心理的現象を具体的に証明したのが、シカゴ大学で行動心理学を専門に研究していたノア・ゴールドスタイン准教授。彼は中規模ホテルの宿泊者1058人に対してある調査を行いました。

ホテルのルームメーキングの際、半数の部屋には「環境保護のためにタオルを交換せずに、もう1日の継続使用をお願いします」とメッセージを残し、もう半数の部屋には先ほどのメッセージに「約75％の宿泊者にタオルの再使用をいただいております」とウソのメ

①同調傾向
対人コミュニケーションにおいて、行動や言動が連動し、類似化していく現象。一般的に流行やブームと呼ばれるものがこれにあたり、自分の意思に関係なくまわりの意見や行動に連動する。人と違うことを行うことで嫌われる、仲間外れにされるという意識が強くなり、自然と同じような行動をとってしまう。ちなみに、別名「シンクロニー現象」とも呼ぶ。

ッセージをつけ加えたのです。普通であれば、「料金を払ってホテルに泊まっているのにどうしてタオルを再使用しなければいけないんだ」と思うでしょう。なかにはクレームをいう客もいるはずです。

さて、結果を見てみると前者の宿泊客は35・1％の人が再使用に賛同してくれたのに対し、後者の宿泊客は44・1％もの人が再使用に賛同してくれました。

この結果から、「みんながやっているなら仕方ない」と納得してしまう「同調傾向」が認められたのです。また、今回の実験のように具体的な数字を示さなくても〝みんな〟や〝ほとんどは〟などの言葉を入れるだけでも効果があると考えられています。逆に数字で示す場合には、4分の3を目安に提示すると、受け取った側もイメージがしやすく、賛同してくれる可能性が高くなることも、後の研究でわかりました。

ときにはウソを使って部下を納得させる

テレビなどで目にする、世界から見た日本人の特徴としてよくあげられるのが、〝控えめ〟〝**自己主張**(②)が弱い〟などでしょう。また、「NOと言えない日本人」という言葉もあります。つまり、日本人

---

②自己主張
自分の欲しいものや自分に権利があると思うものを、気後れせずに要求ができる力。自分が他人に左右されず、直感的に思ったことを実行し、自分らしさを守ることでもある。自己主張のタイプには大きく分けて3タイプあり、①アグレッシブ②ディフェンシブ③アサーティブに分けられる。①は自分のことだけを考えて、相手を無視して自分を押し通すタイプ。②は自分を抑えて相手を優先し、自分のことを後まわしにするタイプ。③は自分を大切にするとともに、相手のことも配慮するタイプのこと。

は生まれつき「同調傾向」が強い民族なのです。

　では、この特性を実際にどう利用すればいいのでしょうか。上司が部下に対して説得、納得をさせる場合に使うといいかもしれません。たとえば、会社で、「来月から社内清掃は自分たちで行う」ことが決まったとしましょう。このとき、上司が部下に対してどのように説明をすれば、素直に納得してもらえるかを考えてみます。いきなり「来月から社内清掃は自分たちでやるようにしようと思う」と話をしても、なかなか簡単に受け入れてはくれません。ここに、先ほどの「同調傾向」の説明を、言葉の中に加えてみましょう。「他部署の人間はみんな賛成してくれたんだが、来月から社内清掃は自分たちでやるようにしようと思う」。このように話をすれば、内心はいやだと思っていても「みんなが賛成しているなら……」と、部下のみんなも渋々ながら賛同してくれるでしょう。

　ただし、この場合に気をつけたいのは、すぐにバレてしまうウソを使わないこと。また、賛同を得たとしても、今回の場合は内心では快く思っていないので不満自体は解消されていません。なので、この方法はあくまでも、不満が出るのはわかっているうえで、部下に対していかに穏便にことを運べるか、という点で使えるワザと理解しておく必要があります。

「忙しい」が口癖の女性には「無理しなくていいよ」という

日本社会はまだまだ男性本位のシステムが基盤

戦後、女性の社会進出が進み、現在は大手企業の中にも女性社長や女性役員が名を連ねることが珍しくなくなってきました。出産・育児の後に現場に戻るキャリアウーマンの数も、増加傾向にあります。

育児サポートの不足など、まだまだ不十分な点はありますが、女性が働く社会作りは、少しずつ進んでいるといえるのではないでしょうか。

ただし単純に職場への女性参画を謳うだけでは、意味がありません。参加する環境をきちんと整えずにポストだけ割り振っても、女性にとって働きやすい職場であるとはいえないのです。

そもそも日本企業の多くは、いまだ男性本位の視点で作られた組織構造のものがほとんどです。現在第一線で働く女性たちは、そんな男社会のストレスに耐えながらも懸命に働いているのです。

20代～50代の男女を対象にした心理学のアンケートによると、「多忙であるストレスを、怒りを込めて周囲にアピールしてしまう」という項目に対し、ＹＥＳと答えた女性の数は、男性のおよそ11倍にも及んだそうです。

あなたの周囲にも、「忙しい」が口癖の、愚痴っぽい女性上司や同僚がいるのではないでしょうか？　これは、男社会で働く女性特有のストレスが原因かもしれません。

そんな女性たちに、けっしてかけてはいけない言葉があります。それは「忙しいのはみんな同じだろ」という言葉。もちろん、いわれたほうの女性にだって、それはわかっています。「忙しい」と愚痴っぽくなってしまうのは、何も「自分だけがこんなに苦労している」と、文句をいいたいのではないのです。これは彼女たちの、悲痛な叫び、訴えだと理解してください。代わりに「あまり無理しなくてもいいよ」と優しく声をかけましょう。

この言葉だけで、「私の大変さを理解してくれている」と安心感を抱くとともに、がんばり屋の彼女たちは「負けてなるものか」と、奮起してくれるでしょう。

アドバイス

「忙しい」はＳＯＳの合図
優しい言葉をかけてあげましょう。

相手の謙遜を間髪入れず否定、“再否定”が好感を得る

“再否定”を使って相手を持ち上げる

取引先
自分
○○さんは、いつもおもしろいアイデアをお持ちですよね？
いやいや、そんなことないですよ
そういう謙虚なところも尊敬してるんですよ
これが“再否定”

ポイント

一度、否定された“直後”に再否定をすること！

誰でも少しはナルシスト。自尊心をくすぐろう

読者の方に質問です。これまで生きてきた中で、誰かに褒められて気分が悪くなったことはありますか？　あまりそんな経験はないのではないでしょうか。話しかけられるのもいやなほど嫌いな相手でない限り、人は褒められると、少なからずよい気分になるものです。それは、誰でも同じこと。褒められ慣れているはずの有名人や、他人の評価など関係なく働く職人系の仕事人でも、やっぱり褒められると、喜びを感じてしまうのです。この、人を褒めるという行為は、社内や社外でコミュニケーションをとるときに、非常に大切な役割を果たしてくれます。

たとえば、取引先相手と会った際、いきなり契約の話に入ることはないと思います。本題に入る前に軽く雑談を交わし、場が温まってきたところで話を切り出すのが普通です。このときに相手の気分をよくするために〝褒める〟ことが大切になります。実は、「褒める」ことは意外に難易度の高いテクニックなのです。褒め慣れていないと、褒めているはずが相手に誤解されたり、「軽薄な奴だ」と軽んじられる場合もあります。だからこそ、普段から意識しなくても自然と相手を褒められるように、癖をつけておく必要があります。

---

①ポーズ
心の中で思っている本心と、言動や行動が一致していない状態のこと。「見せかけ」ともいわれる。相手の細かな表情や、言葉尻などに不自然さを感じた場合、そのときの態度は「ポーズ」である可能性が高い。

褒めることの大切さを教えてくれるのが、自動車王で知られるヘンリー・フォードです。彼は、V８エンジンと呼ばれる画期的なアイデアを実用化させ、一躍世界的に有名になった人物です。しかし実際のところ、彼はエンジンの設計法など知らなかったのです。

彼は自分の部下である専門職人たちを徹底的に褒めまくり、いい気分にさせてモチベーションを上げさせました。結果、部下はやる気を出して、画期的なエンジンを生み出すことに成功したのです。このように、人を褒める行為には相手の気持ちを高め、いつも以上の力を発揮させる効果があるのです。

褒め言葉を否定されたときは間髪入れず再否定！

ただし、謙虚さを重視する日本人の性質上、褒めたとしても、相手がそのまま「ありがとう」と、こちらの言葉を受け入れることはまれです。褒められることに慣れていない方も多いので、「そんなことないですよ」と、まず否定されるケースも多いでしょう。ここで引き下がっては、せっかく相手を褒めても、会話は尻すぼみで終わってしまいます。

人の心理として、褒められることに悪い気はしないのは先ほど述

---

②バイアス
直訳すると「偏り」という意味。心理学的には「偏見」「先入観」「思い込み」などと定義される。たとえば、調査員は親切そうな人を対象者に選びやすい、女性の年齢は低めに答えられやすい、といったバイアス（偏り）がある。実際に調査する際には、このような偏りを極力抑える必要があり、調査結果によって偏りの存在する可能性を示すことも必要になる。

べたとおり。相手が否定してきたとしたら、それは「**ポーズ**（①）」としての否定であって、本心からくるものではありません。オーストラリアにあるクイーンズランド大学のマシュー・ホーンシー博士は、人間は誰でも「自分は他人より、正直で、頭がよく、おもしろい人なんだ」と思いたがる傾向があることを明らかにしました。要するに、人間は誰でもある程度はナルシストで、自分を優先的に考えるということ。博士はこの傾向のことを「優位性**バイアス**（②）」と名づけ、自分のことを本気で他人より劣っていると考えるような人は、めったにいないと考えました。

先ほどのお話を補強することになりますが、「自分が他人よりも優れている」と考えがちな人間のこと、褒められたことに対し、「そんなことないです」と否定はしても内心は「そうだよ」と、喜んでいるのです。ここで、さらなる一手として〝再否定〟を加えてみましょう。これは相手が「そんなことないです」と謙虚に否定をした後、間髪入れずに「そういう謙虚なところもいいですね」と、相手の否定をさらに否定してあげるテクニックのこと。すると相手は自分が否定したことを、すぐに打ち消してくれたことで、**自尊心**（③）がくすぐられるのです。ここまで褒めてあげれば、相手の気分は非常によくなり、商談の際には有効に働いてくれるでしょう。

---

③自尊心
プライドとも。自分の人格を重視する思いのこと。自分の人格を尊重するあまり、自分の考えや思想に固執し、他者の干渉に反発する態度をとってしまうこともある。一方で自尊心が低過ぎる場合も、他者の言動に左右されがちになったり、自身の能力に対し悲観的になったりと、精神衛生上問題を生じることもある。

的確な指導と思いやりで優れたリーダーは決まる

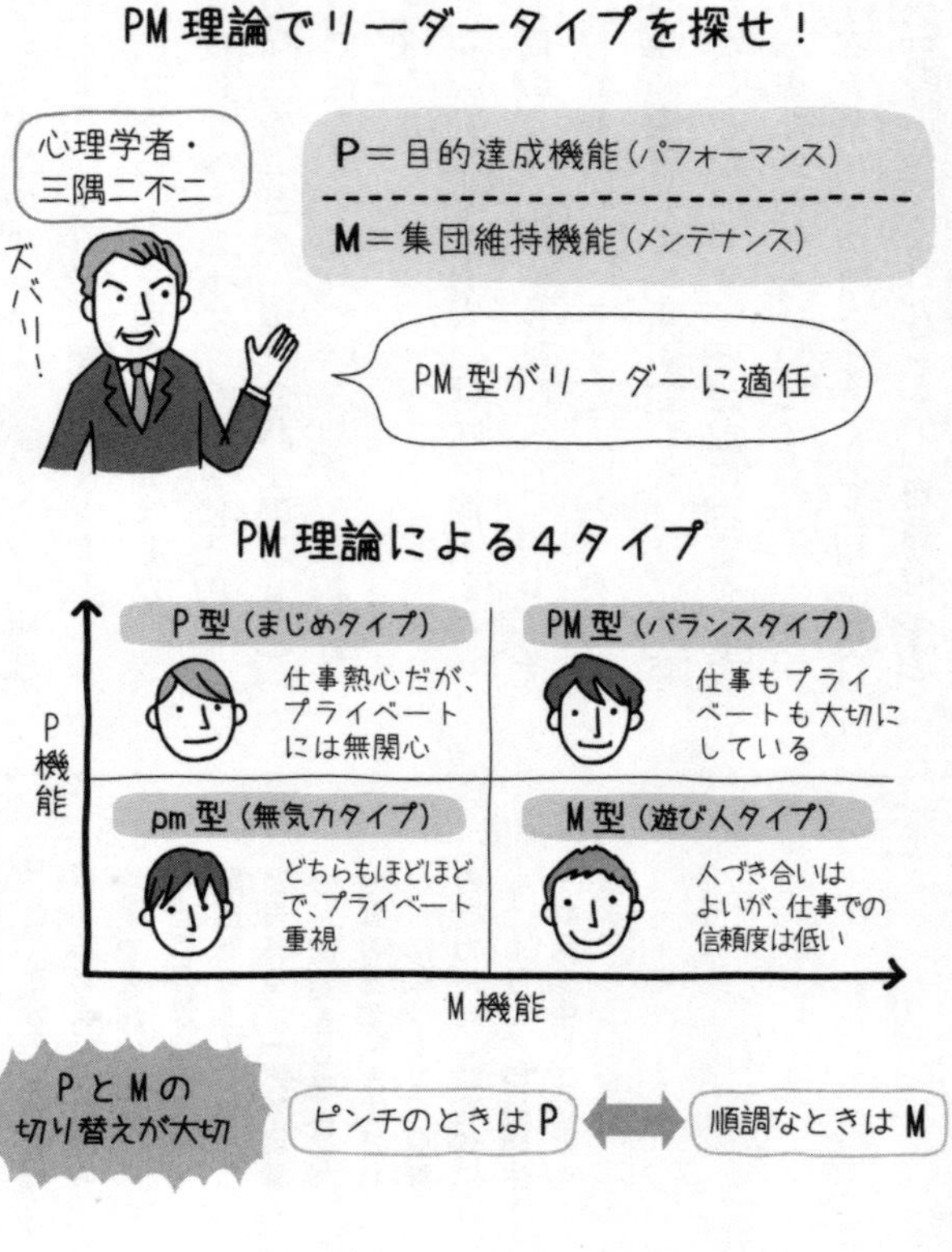
PM理論でリーダータイプを探せ！
心理学者・三隅二不二
P＝目的達成機能（パフォーマンス）
M＝集団維持機能（メンテナンス）
ズバリ！
PM型がリーダーに適任
PM理論による4タイプ
P型（まじめタイプ）
仕事熱心だが、プライベートには無関心
PM型（バランスタイプ）
仕事もプライベートも大切にしている
pm型（無気力タイプ）
どちらもほどほどで、プライベート重視
M型（遊び人タイプ）
人づき合いはよいが、仕事での信頼度は低い
P機能
M機能
PとMの切り替えが大切
ピンチのときはP
順調なときはM

リーダーシップは才能ではなく経験して、身につけるもの！

スポーツチームや学校、会社など、いずれの組織においてもみんなを動かす立場のリーダーを務める存在は必ず、必要です。実際にリーダーを務めたことのある人ならわかると思いますが、人を使ったり、まとめたりすることは非常に難しいものです。会社の中でいえば、部下からの不満や要望はもちろん、ときには悩みなどにも応えていかなければなりません。

よく、優れた指導者に対して「リーダーシップがあるね」といったりしますが、生まれ持った才能としての**リーダー気質**（①）の有無は、実際のリーダーシップ能力にはほとんど関係ありません。優れたリーダーであっても最初から完璧に物事をこなせていた人はまれ。現場に出て、さまざまな経験を重ねたうえで、リーダーとしてのスキルが身についていくものです。

では、リーダーに必要なスキルとは、どのようなものなのでしょうか？　大切なポイントはいろいろありますが、主にしっかりと全体の作業を把握し円滑に仕事を回せること、部下からの信頼が厚いこと、メンバーの不満を解消させられることなどの資質があげられます。これらを身につけるには、豊富な経験と普段からの勤務態度、

---

①リーダー気質
人をリードしていきたい、人のもとで命令を受けているのは好まないという性格のこと。いわゆるリーダーシップとは少し異なる。リーダーシップとなると、気質以外に「先見性」や「指導力」などが必要になってくる。つまり、リーダー気質があるからリーダーに適任かといえば、まったく違い、リーダーになりたいと思っているかどうかの性格的な部分である。最近では、このリーダー気質の若者が減少傾向にあり、自分で動かすというよりも、誰かの指示を受けて動きたいと思う人のほうが多いという。

人間関係も大切になってきます。仕事はできても社内の人望を得られない人は、リーダーになったとしてもまず部下とのコミュニケーションが不安要素になります。逆に人間関係が豊かでも、仕事ができない人ではスタート時点で部下が不満を持つことが予想されます。優れたリーダーを目指す人は、上記の条件を伸ばすことを意識してみましょう。また、必要なスキルとは別に、リーダーに向いているタイプを見分けることができます。

仕事とプライベートのバランスが優れたリーダーの資質

リーダーに向いているかどうかを判断するには、世界的にも有名な日本の社会心理学者・**三隅二不二**《みすみじゅうじ》（②）が展開している「PM理論」が有効です。この理論はリーダーシップを「目的達成機能（パフォーマンス＝P機能）」と「集団維持機能（メンテナンス＝M機能）」の2つに分けて考える理論です。P機能とは、集団が生産性を高めるような働きをする機能のこと。

たとえば、業績の悪いメンバーに対して、業績アップのためにはどういった手順を行えばよいかを考え、指示を与えることです。また、目標達成のために計画を立てたり、いっても聞かないメンバー

②三隅二不二
福岡出身の心理学者で、専攻は社会心理学。リーダーシップを2つの機能としてとらえる「PM理論」で世界的に知られる。日本グループ・ダイナミックス学会の創設に尽力し、2代目会長に就任。また、九州大学教育学部の教授在任中には学会と地元企業の交流の場として集団力学研究所を設立。これらの間にも多くの後進を育て、まわりからは「三隅学派」ともいわれる。

に対して罰を与えたりすることもP機能の要素となります。

M機能とは、メンバー間の人間関係を良好に保ち、**集団のまとまり（③）**を維持する機能です。つまり、仕事以外の部分でメンバーの結束力を強める機能です。このふたつの機能を備えているかどうかの有無をかけ合わせると、人間は全部で4つのタイプに分けることができます。P型はまじめな性格の人に多く、プライベートよりも仕事を優先するタイプ。その真逆にあたるのがM型で、仕事よりもプライベートを重視する遊び人タイプです。どちらの機能も不足しているのが、pm型。pm型は仕事もプライベートもあまり関心がなく、無気力タイプといえるでしょう。その反対に当たるのが、PM型でどちらの機能にも優れているバランスタイプです。いうまでもなく、最後のPM型がリーダーに向いているタイプになります。

ただし、PM型だからといって必ずしもリーダー向きと決定づけることはできません。たとえPM型でも、M機能の発揮が期待される場面で、P機能的資質で物事に当たろうとすれば、意味がありません。そこで、PとMを使い分けられる機能が重要になってきます。状況に応じて的確に判断し、絶対に失敗できない仕事を行うときにはPの機能。仕事が順調に進み、メンバー間の不満や悩みを解決するときはM機能とうまく使い分けるのが、優れたリーダーです。

---

③集団のまとまり　「集団凝集性」ともいい、この高さが集団の結束力に比例する。凝集性の高さを計るには、まず「ともに過ごした時間」。議論したり、食事をしたりと共有した時間が長いほど凝集性の高さも上がる。他にも、「集団の大きさ」「性別」「外的脅威の存在」などが大きく関係してくる。

相手の仕事が終わった直後に褒めれば頼みごとを受けてもらえる

褒めるにもタイミングが重要

作業中
カキカキ
集中
もくもく
無視
エライ、スゴイね、
早いよね～！
褒め殺し
作業終了直後
フワーッ
終わったー！
さすがね、
尊敬しちゃうなぁ～
褒め殺し

快適なムードのときは心を開きやすい

頼みごとをする前に相手の状態を見極める!

仕事をしていれば、必ず部下や同僚に頼みごとをする機会はあると思います。部下の場合は彼らの立場上、頼みごとをするのに、難しさはあまり感じないかもしれません。難しいのは、自分と同じ立場にある、同僚に頼みごとをするときです。忙しさも仕事量もそう変わらない同僚に、お願いごとをするのはやや気が引けますね。どういった方法やタイミングで頼めば、相手は快く引き受けてくれるのでしょうか。そのためには、相手の状態を知ることが大切です。

まずは自分が頼みごとをされる立場になって考えてみましょう。仕事が溜まっていて忙しい状態で声をかけられ、**イライラ**（①）したことはありませんか? また、集中しているときに話しかけられたり、まわりが騒がしいと、つい腹立たしい気持ちになることがあるでしょう。

これは、気持ちに余裕が無いことからくる反応です。こういった状態の相手に頼みごとをしても、引き受けてもらえなかったり、引き受けてくれたとしてもいやいやでしかなく、友好的な関係を崩す原因になりかねません。そこで仕事を頼む前には、相手がいま何をしているのか、それとなく探ってみたほうがよいでしょう。

---

①イライラ
不安や恐れといった感覚が潜在意識に溜まってくると起こりやすい感情。虚しさや寂しさ、退屈の蓄積によっても発生する。この状態になると自分が何に対して腹立たしいかもわかりにくくなり、ただ漠然とモヤモヤした感じが心を支配するようになる。また、この感情が一定のラインを超えると、ブレーキが利かず暴言を吐いたり、ときには暴力にまで及ぶこともある。イライラを解消するには、脳内をコントロールする必要があり、明るい場所に出て体を動かすことや、楽しいことを考えるなどの方法が効果的。また、肉や砂糖を

どんな状態が快く引き受けてくれるタイミングかというと、それは、相手の作業が終わった直後です。仕事が片づいたときは気分が落ち着き、心もスッキリしている状態。人間は快適なムードの状態にいるときは、心を開きやすく、親切心を持つものなのです。これを心理学では「ムード効果」といいます。気分がいい状態の人に仕事を頼むと、快く返事してくれたり、多少無理な内容でも、引き受けてくれる傾向があります。さらに、このとき、相手を褒めることで効果は格段に上がります。

これを実証したのが、ノースカロライナ大学のデビッド・ドラックマン博士です。彼は124名の男子学生を対象に実験を行いました。まず、学生全員に作業を行わせ、作業が終わった直後に「すごいなぁ、よくできるね。俺にはできないなぁ。尊敬しちゃうなぁ」といった具合に、とにかく褒めてみたのです。すると、褒められた学生は、普通の状態で褒めてみたときよりも、より大きな喜びを感じる、という結果が表れました。

この結果からも、作業直後のタイミングで褒めれば、相手の気分を向上させ、頼みごとをするうえで、非常にムードのよい状態が作れるといえます。

摂取することでも効果が得られる。肉は、精神安定ホルモン「セロトニン」の原料である必須アミノ酸「トリプトファン」を含んでいる。また、砂糖は消化するとブドウ糖に変わり、トリプトファンを脳内に取り込む働きを持っている。

②ニヤケ顔
思い出し笑いなど、思わずこぼれてしまった笑顔のこと。人には会社用の顔、遊び用の顔、恋人に見せる顔といったようにいろんな顔がある。心理学ではこれらの顔をペルソナ（仮面）というが、ニヤケ顔は、そんなペルソナの殻を破って現れることが多い。ペルソナは

露骨な褒め殺しでも結果的には気分がよくなる

どうしてもすぐに仕事を頼みたいときは、まず相手の心理状態を向上させることが先決です。基本的には先ほどの褒める行為が前提となりますが、心理状態が悪い相手には単に褒めるだけでなく、褒め殺す必要があります。

ドラックマン博士の実験では、褒められた学生の気分がよくなっただけなく、褒めた人のことを好きになったという結果まで出ています。これを踏まえると、どうしても急ぎで仕事を頼みたいときには、相手のムードを上げるために徹底的に褒めてみましょう。露骨に褒めて、いやがっているそぶりを見せたとしても内心では気分がいいはず。いやいやながらも「しかたないなぁ」と**ニヤケ顔**（②）で仕事をしてくれるかもしれません。これが、褒め殺しによる効果で、ムードは格段に上がり頼みごとをお願いしやすい状態になります。

まとめると、ポイントは2点。まず、相手の状態を見て作業が終わった直後の快適なムードのときを狙うという点。

そして、お願いをする前に徹底的に褒めまくるという点です。このふたつをうまく活用すれば、相手に好印象を持ってもらえるだけでなく、自分の仕事を引き受けてもらえて、まさに一石二鳥です。

本人の意識に関係なく表情に現れるので、基本的には心で思っている本心とは反対の気持ちを装う。口角の上がった状態に加え、目元が下がっていると一般的には笑顔として扱われる。

勢いよく煽《あお》った後、同情心を刺激して相手をコントロール！

バンドワゴン＆アンダードッグ効果が有効!!

1回め
ウチは今、大企業からも注目されてるんです
なるほど!
取引先
契約したほうがいいかも
バンドワゴン効果（有利な点を伝える）
しばらくすると効果は落ちる
2回め
正直、かなり厳しい状況なんです。契約内容には自信があるんですけどねぇ
しょぼーん
よし契約しよう!
何だかかわいそうだなぁ
アンダードッグ効果（不利な点を伝える）

バンドワゴン効果で冷静な判断をさせない！

通販番組を見ていて、何だか無性に商品を購入したくなることはありませんか。通販番組では「全米で大ヒット」「大人気商品」「限定100セット」などなど、とにかく派手な言葉がズラリと並び、視聴者の**購買意欲**（①）を刺激します。このように、商品が飛ぶように売れている雰囲気を前面に押し出し、客側に勢いを持たせて購買意欲をそそる販売方法を、「バンドワゴン効果」と呼びます。流行やブームに乗っかって期待感を煽るのもこのひとつでしょう。

そもそも、バンドワゴンとは、大きなお祭りやパレードの先頭に登場する楽隊車のこと。パレードを心待ちにしている状態で、音楽とともに先頭のクルマが登場すると、一気にテンションが上がって興奮した状態になりますね。つまり、人の気持ちを高揚させ、相手が冷静な判断をできない状態にすることが、この効果の特徴です。

バンドワゴン効果を最大限に活用しているのが、店頭販売などで見かけるサクラです。サクラの役割は、一般客の中にまぎれ込み、商品に対して大袈裟にうなずいてみたり、実際に商品を購入すること。最近では少なくなったようですが、化粧品や料理器具、掃除機などの店頭販売では、サクラが大活躍していました。

---

①購買意欲
消費者の何かを買おうとする気持ち。人は商品を購入する際、無意識のうちに「自分ならどう使うか」ということを考えながら商品を選んでいる。そのため、具体的にどう使うかがイメージしやすい商品ほど意欲も高くなる。逆に未来が見えにくい商品は感情移入しにくいという点で意欲は上がらない。

サクラの行動に乗せられて、本当は買わなくていい商品に魅力があると錯覚してしまい、消費者はついつい不要なモノを購入してしまうのです。ただし、みなさんもご存じのように、流行ははやるのも早いですが、熱が冷めてしまうのも非常に早いです。

日本人の場合は特にその傾向が強く、バンドワゴン効果はあまり長続きしないことがわかっています。なかでもファッションは、毎年のように流行色やアイテムがあり、一貫して同じものが続くことはありません。これは、いま使っているものや着ているものに対して、ひと味違ったものが欲しくなる、**特権意識（②）**が芽生えてくるからです。この意識は誰にでもあり、「スノッブ（俗物）効果」とも呼ばれています。

"煽り"を使いこなし取引先と契約を結ぶ！

わかっていても必ずやってくるスノッブ効果ですが、そのままでは一瞬の人気を得るだけで、長期的な人気は望めません。

こんなときに効果を発揮するのが、バンドワゴン効果とは対照的な方法で相手をコントロールする「アンダードッグ効果」です。これは、別名「負け犬効果」とも呼ばれ、日本人の弱さでもある同情

②**特権意識**
特別有利な状態にあり、その状態を活かしたうえで、物事を考えること。今回の場合であれば、すでに自分は流行にのっているという意識が強く働くため、余裕ができて他のものに興味を示したり飽きたりする。この意識は職業などで大きく差が出ることが多く、特に医者や政治家など一般的に地位の高い人間に見られることが多い。

心を誘うテクニックです。

具体的な例としてあげられるのが、選挙運動。そもそも選挙には「同情票」という言葉があるくらいなので、その効果は証明されているといえるでしょう。その仕組みは、初期段階の演説などで「確実に当選します！」と勢いよく宣言したにもかかわらず、中盤以降で突然、「現在、非常に厳しい状況ですが……」と曇った様子で話し、同情を引くといった段取りです。このテクニックで同情票を集め、トップ当選を果たした候補者も、多数いると聞きます。

このように、まず勢いよく**煽って**（③）興味を引きつけ、相手が慣れてきたら一気に同情心を煽るようにすれば、相手をコントロールすることができます。

この方法は会社においても十分に応用できます。たとえば、取引先の相手と契約を結びたい場合。最初の説明時には、大きめに利点を煽って相手の興味を引くようにします。ここで契約が結べれば最高ですが、契約ができなくても大丈夫。相手にいい内容であると強いインパクトを残せれば大丈夫です。その後、改めて話をする際には、一転して思ったよりも状況がよくないことを話します。もちろん、契約内容自体を悪くいうのではなく、思ったよりも売れていないなどの状況を示すのです。

---

③煽る
相手を挑発したり、興味を抱かせるための行為。対象となるものによって内容も多少変わってくる。今回の場合は、相手の興味を引きつけるための謳い文句としての意味。他にもインターネット上で相手の感情を逆なでしたりする、「荒し行為」としても使われる。

植木理恵の
すぐに使える
行動心理学

CHAPTER 5
意中の人に好かれる
恋愛テクニック

危険を好む人ほど デートの誘いに簡単に応じる

刺激を求める人には積極的にアピール
退屈なのはイヤ
冒険したい！
リスクは最小限に
普通が一番！
刺激好き
刺激は苦手
Q
この写真の人に
誘われたら
デートする？
プロフィール
楽しいことが
起こる予感
Yes！
No！
何だが危険な
臭いが…
アピールすればOKの可能性大！

刺激を求める人はかなりの尻軽？

あなたの前に2人の異性が現れました。話をしてみると、片方は平和を好み、毎日の生活に安心を求めているタイプ。もう片方はスリルを好み、毎日の生活に刺激を求めているタイプ。両方の異性に好意を持ったあなたは、どちらか片方をデートに誘うことにしました。より確実にデートの誘いをOKしてもらえるのは、どちらの異性でしょうか。

その答えは後者です。かつてアメリカのペンシルベニア州立大学に在籍するバニ・ヘンダーソン博士たちの研究グループが、それを実証するための心理テストを行いました。

まず、ランダムに選んだ673人の男女を対象に「冒険は好きですか？」「新しい経験をすることは好きですか？」「退屈は嫌いですか？」といった内容にイエス、ノーで答えてもらいました。

このテストは、対象者が日々新しい刺激を求めているかどうかを判別するためのもので、イエスと答えた回数の多い人を**高刺激追従者**（①）、ノーと答えた回数の多い人を低刺激追従者と分類しました。

そして最後に、ある異性の写真つきプロフィールを見せて、「この人からデートに誘われたら応じますか？」と質問します。すると、

---

①高刺激追従者
心理学用語ではHSS（High Sensation Seeking）ともいう。常に変化に富んだ激しい感覚刺激や、刺激的な経験を求める人々のこと。HSSに分類される人々は、刺激を求めるために肉体的、社会的、経済的なリスクを顧みない。一度行った楽しい場所に行くよりは、行ったことがない未知の場所に行くことを好む人、ギャンブルを好む人、サーフィンやロッククライミングなど、高い危険が伴うスポーツを好む人などが、これにあたる。

高刺激追従者のほうが「応じる」と答えた数が多いという結果になりました。

ヘンダーソン博士たちは、もう少し突っ込んで「コンドームなしでもセックスができますか?」という質問も投げかけています。その結果は、やはりより強い高刺激追従者ほどイエスと答えたのです。

確実にデートがしたいなら、高刺激追従者を探せ

低刺激追従者は、日々の生活にスリルを求めず、平穏無事に過ごしたい人たちです。だからこそ、異性の写真と簡単なプロフィールを見せられただけではデートに応じません。たとえ第一印象で楽しそうな人だと思っても、やっぱりよく知らない相手と2人で会うことには抵抗を感じます。ちゃんと会話ができるかどうか、一致する趣味があるかどうか、という不安もあります。そうしたストレスを感じたくないからこそ、デートを断るのです。デートに応じるためには、何度か会って相手の詳細な情報を知る必要があります。

逆に日々の生活に刺激を求める高刺激追従者は、よく知らない相手だからこそ、会ってみたいという欲求にかられます。自分と趣味や話が合わない可能性のある相手だろうと、とにかく会えば平凡な

---

②火遊び
火を使った遊びは華やかで楽しいものだが、同時に火傷などの危険が伴う。しかしリスクがあるからこそ、スリルがあっておもしろい。同時にリスクをはらんだ華やかな行為によくたとえられる。浮気や不倫など、危険な恋愛はまさに火遊びといえる。ただし、その代償は火傷ではすまされないことがほとんど。高刺激追従者との恋愛を決めた場合は、そういったリスクも念頭に置いておくべき。リスクを好むということは、恋人がいる状態でも、さらなる出会いを求めるという「リスク」を選ぶ可能性もあるということだからだ。

毎日から脱却して、おもしろいことが起きるのではないか、という考えが先にきます。こうして比較してみれば、高刺激追従者のほうが、デートの可否は異性の容姿やプロフィールにあまり左右されないということになります。これを逆手にとれば、デートの誘いに断られただけで、しばらく立ち直れなくなるほど落ち込んでしまうという人のリスクを軽減することもできます。たとえば合コンの席などで複数の異性がいる場合、会話の中に相手が低刺激追従者か、高刺激追従者かを判別するための質問を含ませます。ヘンダーソン博士たちの研究グループと同じ質問をしてもいいですし、単純にスリル満点の映画や小説などを好むかどうか、という趣味からでも推察できます。

こうして一番の高刺激追従者を探し当てた後にデートを申し込むとよいでしょう。相手は刺激を求めているわけですから、あとは自分とデートすれば、望みどおりの刺激が受けられるという点をアピールすればよいのです。

アクション映画でも危険を愛する主人公に限って、簡単に異性との恋に落ちる場面が多々あります。命がけの冒険に自ら飛び込んでいく高刺激追従者なら、恋に落ちるのがそれだけ早いのもうなずけます。恋愛は**火遊び（②）**とはよくいったものですね。

「共通の趣味」は“数”より“深さ”をアピール

共通点の多さよりも内容が重要

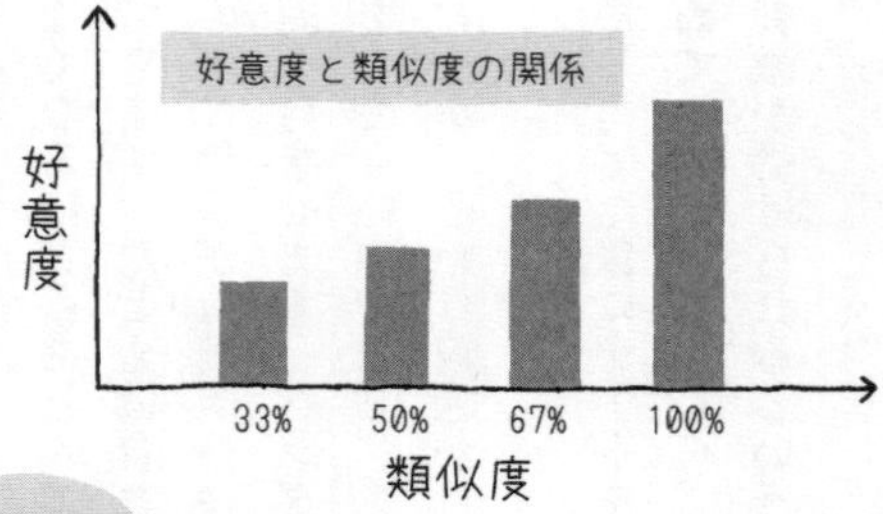
好意度と類似度の関係
好意度
33%
50%
67%
100%
類似度

類似度とは… 共通している内容の濃さ

友人どまり
僕も
マンガ好き
夏は嫌い
お酒好き
恋人になりやすい
そうだよね
あの映画の視点が斬新だと思うんだよね

共通する趣味があると親密になれる

あなたの恋人、あるいは好きになった人のことを思い返してみてください。その人は、自分と同じ趣味や、似たような考え方を持っている人ではないでしょうか。

異性を好きになる理由として、「外見が好み」「優しくて楽しい」「頼りになる」などがあげられますが、実際に恋愛関係にまで発展するのは「共通の趣味や、似たような考え方を持っている」という場合が多いのではないかと思います。これを類似点といいます。人間は類似点を持っている相手に、より好意を抱く傾向にあります。

心理的報酬（①）の面からいえば、パートナーとの類似点がある場合、自身の**心理的負担**（②）が軽減される、ということになります。たとえばあなたの趣味が絵画鑑賞だったとします。近くの美術館で海外の有名な画家の作品展が行われることになったので、あなたはどうしてもそこへ行きたくなりました。

ここでパートナーが絵画に興味を持っていなかった場合、一緒に行こうと誘って自分の趣味につき合わせるのは、悪いかもしれないという考えが芽生えます。

それ以外でも、会話中に絵画の話題を出すこと自体、遠慮してし

---

①心理的報酬
何らかの行動を起こした場合、達成感や成長感、または喜びなど、心で感じる報酬のこと。アメリカの心理学者フォアによれば、心理的報酬を感じるものは愛情・サービス・物品・金銭・情報・地位の6種類。つまり物品や金銭といった目に見えるものを報酬として受け取ったとしても、心はそれらとは別の達成感や喜びといった報酬を受け取っていることになる。

②心理的負担
肉体的、経済的などの目に見える負担とは別に、心にかかる見えない負担、ストレスのこと。本文中の例でいえ

まうかもしれません。このように、自分の好きなことを堂々と口にできないことが心理的負担となります。

しかしパートナーの趣味も同じ絵画鑑賞だった場合は、気兼ねなく作品展に誘うことができます。そればかりか、よくその情報を教えてくれた、と喜ばれるかもしれません。その後も作品展の話で大いに盛り上がることでしょう。

人間は自分の意見に賛同してもらえると嬉しく感じます。ですので共通の趣味を持つことは、心理的負担を軽減するだけでなく、お互いの親密度をさらに上げることにつながるのです。

趣味の類似度が高ければ好意度も高くなる

類似点を持っていれば相手と親密になれるというのなら、それをできるだけ多く持っていたほうが、より親密になれるのでしょうか。こうした疑問を調べるための実験が行われたことがあります。

ある心理学者が学生たちを対象に、**対人知覚**（③）の実験を行うといって、アンケートを取りました。そのアンケートには、自分の趣味や嗜好、教育や福祉などについての考え方を細かく書いてもらいます。その後、すでに別の学生が記入していたアンケートを、そ

ば、絵画に興味のないパートナーを美術館に誘っていやがられないだろうか、一緒に行って楽しんでもらえるだろうか、といった不安からくるストレスがこれにあたる。

れぞれの学生に見せました。当然、各学生の書いたアンケートには、さまざまな趣味や嗜好、考え方が書かれています。その内容を見て、自分との類似度を100%、67%、50%、33%の4種類に分類してもらいます。また類似度とは別に、類似する項目数がいくつあるかも書いてもらいました。そしてその人への好意度を尋ねます。

すると類似する項目数が多くても、その類似度が低い場合、多少の好意度はあるものの、それほど高くないという結果になりました。逆に類似する項目数が少なくても、類似度が100%なら好意度はずっと高いということが判明したのです。例を出していえば、自分の趣味が音楽鑑賞、映画鑑賞、読書、お酒で、相手の趣味もそれらと一致する場合よりも、共通項は音楽鑑賞のみですが、そのジャンルや好きなアーティストまで類似している場合のほうが、好意度は高くなるのです。つまり好意度に比例するのは共通する趣味の深さであり、共通する趣味の多さではないということがうかがえます。

ですので、好きな相手ができたら、まずは共通の趣味を探しましょう。それが見つかれば、相手は安心してガードが緩くなります。その後は、他の共通の趣味を探し出すよりも、ひとつの共通した趣味だけを徹底的に掘り下げるのです。趣味の深い部分まで類似するようなら、相手はどんどんあなたに好意を持ってくれるはずです。

---

③対人知覚
対象者の趣味や考え方、あるいは容貌や言動などの断片的な情報から、相手の性格や行動の意図といった見えない部分を推察する過程のこと。対人認知ともいう。

視界に入るだけでも相手の好意度を上げられる

目にする回数と好意度は比例する

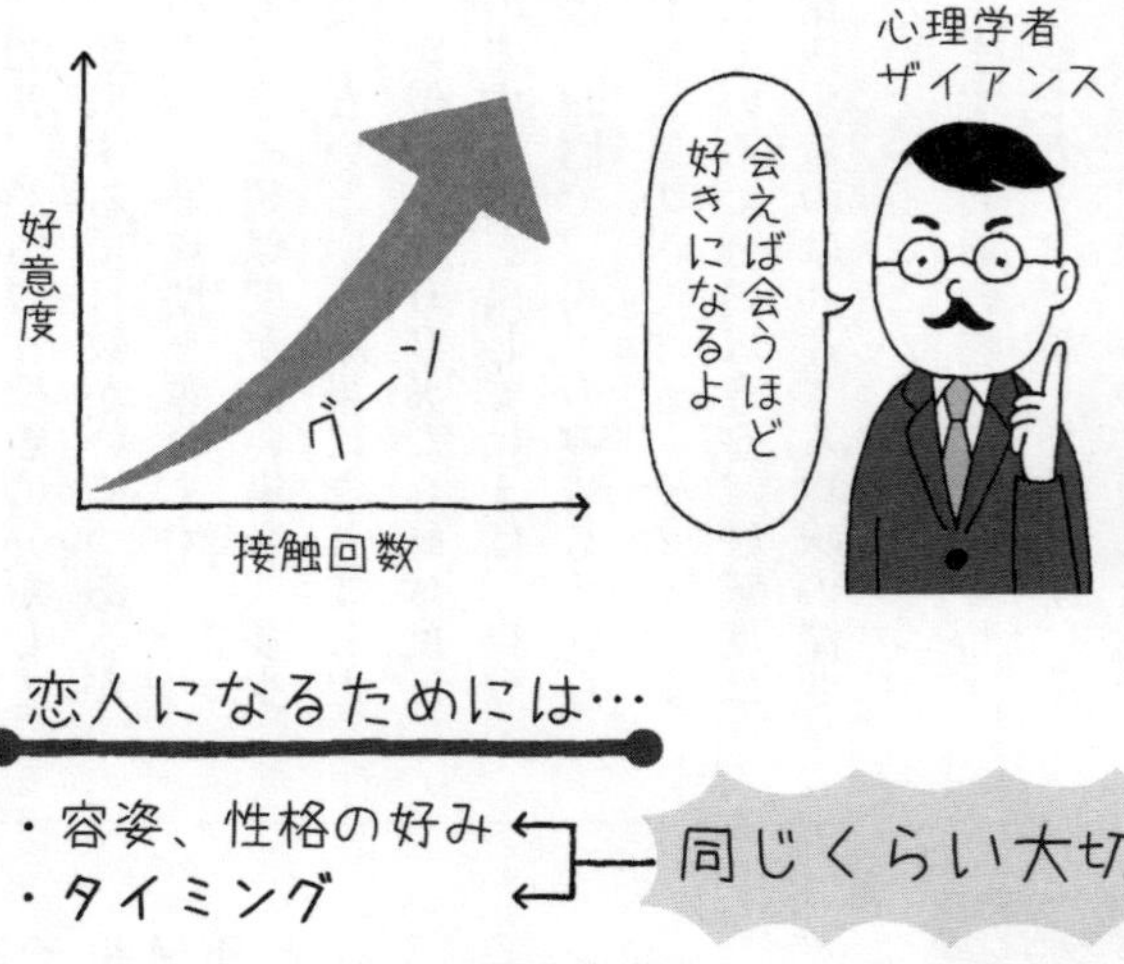
心理学者
ザイアンス
会えば会うほど好きになるよ
好意度
グーン
接触回数

恋人になるためには…

- 容姿、性格の好み
- タイミング

← 同じくらい大切

つまり

たくさん会って
恋愛発展のチャンスを増やす！

よく知っている相手には親しみを覚えやすい

恋愛関係に発展するかどうかは**ファーストインプレッション**（①）、つまり最初に出会ったときの印象で決まるともいいますが、実際はそればかりでもありません。「最初は特に意識していなかったけれど、話をしている間に好きになっていた」ということのほうが多いのではないでしょうか。

人間はよく知らない相手よりも、なじみのある相手に対して好意を抱きます。これを「**熟知性の原則**（②）」と呼びます。初対面のときに意識しなかったのは、相手のことをよく知らなかったからで、話をしている間に好きになったというのは、相手のことを知っていき、なじみのある存在になっていったから、ということなのです。

ここで書いたことは「話をして交流を深めていれば、そのうち親しくなる」ということなので、そんなのは当たり前だと思われるかもしれません。しかし、ここからが人間心理のおもしろいところです。「ほとんど会話をしていなかった相手なのに、いつの間にか好きになっていた」という経験はありませんか。じつは相手と深く話をしなくても、視界に入る回数を増やすだけで好意度は上がるという実験結果があるのです。

---

①ファーストインプレッション
初対面の相手に抱く第一印象のこと。これがきっかけでいきなり好きになってしまうことをひと目惚れという。その場合は顔立ちが好みであるとか、そこから自分なりに性格を分析するとか、容姿が重要な要素になっていることが多い。今後の人間関係を築くうえでも規範になりやすいので気は抜けない。

②熟知性の原則
よく知っている人やものに安心感を覚えたり、好意的になったりする原則。クラス替えや職場の変更などで知らない人ばかりの場所に配属されたとき、その中

会う回数を増やして相手を振り向かせる

アメリカの心理学者であるロバート・ザイアンスは、次のような実験を行いました。数人の女子学生を対象に、2秒ごとに映し出される12人の成人男性のスライドをランダムで86回見せます。その後、学生たちにそれらのスライドをじっくり見せて、どの男性に好意を持つかを調査したのです。すると、スライドの登場回数が少なかった男性よりも、多かった男性のほうが好意を持たれるという調査結果になりました。

これはテレビのCMでも同じことがいえます。一度しか見たことがないCMよりも、何度も目にしたことがあるCMのほうが記憶に残り、その商品やCM自体に好意を抱きます。いつの間にかCMソングを口ずさんでいたという経験を持っている方も多いでしょう。これを「**単純接触効果**（③）」といいます。

会話をしなかった相手でもいつの間にか好きになっていたというのは、それだけであなたにとって「なじみの相手」になっていたということです。目にする回数がそのまま好意度の上昇につながるわけですから、最初は苦手意識を持っていた相手でも、何度も顔を合わせているうちに少しずつ好意を持ち始めることもあるわけです。

によく知っている人がいれば安心するのも、この原則による。話をする、一緒に出かけるなど、相手のことを熟知していくに従って好意度も上がる。

③単純接触効果
見慣れていくうちに好意を抱いていくという心理効果。本文中の実験以外では、女性に対してランダムに見せた男性の写真の中で、一度しか見せなかった人より、25回も見せた人のほうが好意度は4倍も違ってくるという報告もある。
当然ながらこれは誰にでも当てはまるというわけではない。同じCMを見過ぎるとうんざりすることがあるこれだけいえば魔法のような効果に見えますが、残念ながら弱点もあります。ＣＭの例なら、集中的に何度も流されている間は関心を持ちますが、ひとたび間が空いてしまうと、やはり印象が薄くなってきます。人間関係も同じで、学校や職場などで毎日のように顔を合わせていると、それだけ好意を抱かれるタイミングも増えるわけですが、会わない間隔が広がってしまえば、疎遠になっていくのです。たとえば遠距離恋愛で破局を迎えることが多いのは、会う回数が減ってくると同時に、他のことに目がいってしまうようになるためです。関係を続けるためには、やはり頻繁に会ってお互いの気持ちをつなぎ止めておくことが必要でしょう。

さて、これらの心理行動を駆使すれば、接点があまりない人でも振り向かせることができるかもしれません。まずは単純接触効果を期待して、相手と会う回数を増やすこと。通勤や通学時に乗った電車で見かけた人を好きになったのなら、その人が電車に乗る時刻に自分も合わせます。

何度か顔を合わせているうちに好意度は増してくるので、あとは熟知性の原則に則《のっと》って、少しずつ交流を深めていけば、恋が生まれる可能性も出てきます。恋人を作る条件は、少しの勇気とタイミングというわけです。

ように、接触回数が多いほどいやになってくる人もいる。

話を途中で切られると相手のことが気になってくる

「続きはまた今度」が相手をいちばん引きつける言葉

テレビの連続ドラマでは、いつもいいところで「次週に続く」となります。このように、物事が中断されると続きが気になって仕方なくなる心理効果を「**ザイガルニック効果（①）**」といいます。

人間は完結した物事よりも、中断された物事のほうが記憶に残るものです。友人から大して興味のない話を聞かされているときでも「続きはまた今度」と打ち切られたら、それをやけに覚えてしまっていて、次に会うのが待ち遠しくなったという経験のある方もいるでしょう。

この心理効果を応用すれば、恋愛面でも大いに役立ちます。たとえば初対面の人に直球でデートに誘えば断られるかもしれませんが、話が弾んでいるときに途中で打ち切れば、相手はもっと話が聞きたくなって、あなたのことが頭から離れなくなります。

その結果、向こうから「次はいつ会える？」と尋ねてくることもあります。連絡先を尋ねただけで次の約束をせずに帰ったり、告白すると見せかけておいて「やっぱりまた

相手の印象を強くするテクニック

連絡先は聞いたからこのへんで…
…それでさぁ、この前。あっ、ゴメンまた今度
えっ…
まだ、話の途中なのに。続きが気になる…

会話を途中で止め、相手の気を引こう！

今度」と打ち切ったりするのも効果的かもしれません。

もったいをつけるのは恋愛の駆け引きにおいて重要ですが、やり過ぎると相手は本当に興味をなくすので、さじ加減が重要です。

①ザイガルニック効果
効果を発見した心理学者の名が由来。脳は本来、完結した情報だけを記憶の中にとどめておき、中断された情報は不要なものとしてすぐに消し去ろうとする。しかし別れた恋人のことを忘れようとすればするほど余計に忘れられなくなるように、記憶から消そうとすればするほど鮮明度が増してくる。その結果、続きを求めるようになる。

知人から相談を受けたときは「そうだよね」と肯定してあげる

「悩み」の正体は「あと一歩踏み出せない」気持ち

生きていると、どんなに有能な人であっても、必ず何らかの「悩み」に苦しむ瞬間があります。そんなとき頼りになるのが、家族や友人など周囲の人々の存在です。誰しも一度は自分の悩みを他人に相談したこと、あるいは逆に他人から相談を受けた経験があるでしょう。

しかしこの「悩みを聞く」という行為が、なかなか難しい。相談を受けた側は相手のためを思い、よい解決策を考え出そうと頭をひねることになります。ただ、このように頭をひねって考え出した解決策が、相談者の悩みを晴らすことは、極めてまれです。相談者の納得していない様子を見て、「せっかく相談に乗ってあげたのに」と、相談を受けたほうが怒り出すこともしばしば。それでは、周囲の人から悩みを打ち明けられたとき、私たちは何と答えてあげればよいのでしょう。心理学的には、「そうだよね」という言葉で、相手のいうことに共感してあげるのがよいと考えられます。

ニューヨーク州立大学の心理学者・シド

ニー・シュレーガーの実験を紹介しましょう。シュレーガーは複数の被験者を募集し、彼らを男女の別なく3人組のグループに分けてグループ内のコミュニケーションを調査しました。一定の時間が経過した後、シュレーガーは被験者たちにグループ内でのメンバー間の印象を尋ねました。すると、好印象を得ているメンバーの特徴は「肯定的に、意見を聞いてくれる」人であることがわかったのです。そう、人は常に自分の考えを「肯定されたい」と考えているのです。

「相談」の場でもそれは同じ。

じつは、悩みを抱えている人のほとんどは、自分の選ぶべき解決策をわかっています。彼らが必要としているのは、目新しいアイデアではなく、「自分の考えを後押ししてくれること」なのです。

肯定・同意してあげることが、彼らにとって一番の力となるのです。「そうだよね」というフレーズは、非常にシンプルですが、だからこそストレートに、彼らの欲求を満たすことができるのです。

アドバイス

悩みを抱える人のほとんどはすでに自分で答えを出しています。

女子の処世術“おあずけ”は心理に訴えかけるモテ技

相手の興味を引く方法
最初のうちは…
今度、遊びに行かない？
軽めに
ゴメンネ
ホントは行きたいけど、いったん、拒否
すると…
お願いだから行こうよ！
必死!!
しょうがないな
キター！やっぱりね
最初に断ることで
相手の興味を引きつける

上映禁止の映画と同じ効果を持つ〝おあずけ〟

気になる男性との初デート。楽しい夜を過ごせたけれど、その後彼からの連絡はなし。どうやら、一夜だけの関係で終わったみたい……。よく聞く話ですね。「遊びのつもりだったのかな?」「私ってそんなに魅力ないの?」と気にしてしまう方も多いと思いますが、悲観的に考えることはありません。デートのやり取りにワンクッション置くだけで、理想的なつき合い方ができる可能性があります。そのワンクッションとは、ずばり〝おあずけ〟です。おあずけとは要するに、一線を守って相手に我慢させるということです。我慢させることによって興味を抱かせるというこの方法は、心理学的には〝カリギュラ効果〟といわれる現象です。

語源は1980年にアメリカで公開された**映画『カリギュラ』(①)**に起因します。暴君として知られたローマ皇帝・カリギュラの残虐さを描いた歴史映画で、ポルノシーンが多かったために**ボストン(②)**では上映禁止になりました。過激なシーンが多いというだけで、奇抜な内容ではなかったのですが、上映禁止になったためか、ボストン市民の間で評判を呼び、隣町まで行って観た人も多くいたそうです。結局、上映は解禁されましたが、このような〝禁止されたこ

---

①映画『カリギュラ』
イタリアのポルノ映画界の巨匠・ティント・ブラスが指揮を執り、当時ペントハウス誌社長だったボブ・グッチョーネが1750万ドルをかけて製作した。マルコム・マクダウェルやピーター・オトゥール、ヘレン・ミレンなど、豪華キャストが出演したが、撮影はアメリカ映画協会を通さずに行われた。ポルノ映画になることも主要キャスト陣には伝えられていなかったため、完成後キャスト陣の怒りを買うハメになった。興行収入は約2300万ドル。

とでかえって興味が湧く〟現象を、映画の名を冠してカリギュラ効果と呼ぶようになりました。

恋愛におけるおあずけは、このカリギュラ効果と同様の効果を利用したものです。もちろん、相手の興味を引くことが大切なので、最初からガードの堅さがありありと見えると、男性も攻める前に引いてしまうかもしれません。そのため、おあずけするタイミングも重要になってきます。

一般的なデートのパターンから考えてみましょう。お昼過ぎに会って映画や水族館などを楽しんだ後、ディナーというような流れの場合、ディナーをすませてすぐにさようならというのは早過ぎるかもしれません。相手に期待感を抱かせるため、「もう一軒行かない？」と誘ってみるのもいいでしょう。あとは向こうからの誘いを待ちます。そして、いざ誘ってきたら「今日はダメ」とおあずけして、その日は帰宅するのです。気持ちが盛り上がってきたところで拒否された相手は、あなたへの期待感を持ったまま別れることになります。この〝期待〟と〝禁止〟によってカリギュラ効果が起き、次のデートの可能性は高くなります。向こうから誘われたなら大成功といえるでしょう。

②**ボストン**
アメリカ北東部、マサチューセッツ州最大の都市であり、州都。風紀に厳しく、犯罪件数も少ない。

禁止することによって好きの順位が変わる

カリギュラ効果を証明したこんな実験があります。3〜5歳ほどの子どもの例です。まず、母親が5種類のオモチャを子どもに与えます。自由に遊ばせた後、子どもに好きな順位をつけさせます。次に、子どもが2番めに好きといったオモチャについて、母親は「絶対にこれには触らないようにね」と告げ、子どもをおいて部屋を出ます。10分後、母親は部屋に戻り、「どのオモチャで遊んでもいいよ」と禁止の命令を解除し、自由に遊ばせます。ある程度遊ばせたら、もう一度子どもにオモチャの順位をつけさせます。すると、子どもが1位に選んだのは、先ほど遊ぶのを禁止された〝2番めのオモチャ〟だったのです。どの子どもに試しても結果は同じだったそうです。理由なく〝禁止〟された場合、人はその裏に隠されている真意を読み取ろうとします。もともと意味のない禁止なので真意はないのですが、どうしても注意が向いてしまうのです。ポイントは明確に禁止と伝えることです。このテクニックは広告などでも用いられており、「本気じゃない人は絶対に買わないでください」「興味のない方は**ウィンドウ（③）**を閉じてください」などといったような文句で使用されています。

---

③ウィンドウ
Webのポップアップ広告（Webページを開いた際に自動的に表示される広告）などで使用されている例。あえてウィンドウを閉じることを強調することで、注目させる。

友達に褒めてもらえば意中の相手からも好印象を得る

友達を通して褒めてもらうと効果あり

仕方ない、
褒めてやるか……
仲間内で一番
イケメンはコイツだよ
そんなこと
ないよー
今度メシおごるから
褒めて
こいつはホント
カッコいい
と思うよ
意中の
彼女
へぇ
協力して
あげる
うんうん
なんかいいかも……
絶対モテるよね～

正解と思っていた答えでも周囲の意見で簡単に変わる

買い物をするとき、その商品の評判を参考にする人は多いと思います。特に商品についてのこだわりがない場合、〝人気がある〟というのはシンプルでわかりやすい判断材料です。また、友人と数人で買い物をするとき、友人の意見を参考にする人も多いでしょう。自分ではピンときていない商品でも、周囲の人々がよいといえば、よく見えてくることがあります。

このように、自然と周囲の意見に合わせた行動を取ることを「同調行動」といいます。それを証明する実験として、アメリカで活動していた心理学者**ソロモン・アッシュ（①）**による同調実験があります。実験手順は以下のような具合です。

まず、1本の線が描かれた図と、3本の線が描かれた図を用意します。仮に前者を図A、後者を図Bとしましょう。図Bの線は3本とも長さが違いますが、うち1本は図Aの線と同じ長さです。

被験者には図Bの3本の線のうち、どの線が図Aと同じ長さなのかを当ててもらいます。ひとりで解答した場合、正解率は99％を超える単純な問題です。

しかし、このほぼ確実ともいえる正解率が、集団の中で解答した

---

①ソロモン・アッシュ
1907年、ポーランド出身の心理学者。主にアメリカで活動し、実験心理学の分野を開拓した。集団の意見によって人の意見が変わる「同調」の心理について深く研究しており、1950年代に数多くの実験でその効果を実証した。1996年没。

場合には変動します。

実験は7～9人ほどの集団で行います。そのうち被験者はひとり、残り全員は解答についてあらかじめ指示を出したサクラとします。もちろん被験者は他の人がサクラであることを知りません。

先ほどの図Aと図Bを全員に見せて、ひとりずつ順番に解答を聞いていきます。被験者の解答順は最後です。サクラの人々は全員わざと同じ間違った解答を答えていきます。するとどうでしょう。多くの被験者が、サクラの人々と同じ間違った解答を答えたのです。

信じられないかもしれませんが、アッシュの実験における正解率はわずか24%。7割以上の人が周囲の意見に同調したこととなります。このような同調行動を誘う力を「同調圧力」と呼びます。

周囲に褒めてもらってあなたのよいところをアピール

さて、ここからが本題。この心理を恋愛に活かすにはどうすれば、ということですが、やり方は簡単、意中の人がいる場で周囲の人々にあなた自身のことを褒めてもらえばいいのです。

食事や飲み会、**合コン**（②）など、意中の人との場に臨む前に、同席する友人たちに「あの子のことが気になってるんだ。今日のと

---

②合コン
人の心の秘密を追究する学問である心理学は、昔から恋愛の分野で重宝されてきた。時代とともに恋愛の形が変化するにつれ、心理学の法則、考えが当てはめられる状況やシーンも変化している。ここ10年ほどのあいだで、急速に浸透した出会いの場「合コン」もそのひとつ。巷の心理学本の中には、「合コン必勝本」といった類いのものも多数発売されている。これまで長い時間をかけて育むものだった恋愛。過去の心理学本は、そのような恋愛を前提として、読者に対しさまざまなアドバイスを行ってきた。合コン用の心理テクニッ

ころは褒めて」と前もってお願いしておくだけです。あなたが周囲に褒められているのを見れば、意中の人の心もそれに同調して、あなたのことを魅力的に感じやすいでしょう。

さらに、以下のふたつのポイントに気をつけることで高い効果が望めます。まず、人数です。多くの人がいたほうが同調は起こりやすく、3人以上で効果が大きくなります。次に、反対意見を生じさせないことです。3、4人で褒めても、ひとりが逆の意見を述べると同調率は大きく下がります。場に臨む前に全員の意見を合わせておかなければなりません。

ただ、気をつけてほしいのは、自分の価値観に自信があり、同調しづらい人もいるということです。価値観は人それぞれなので、他者からの意見で根本的な考え方を変えるのは難しいでしょう。また、集団で人の思考を動かすというやり方に抵抗を感じる人もいると思います。そのため、この方法は軽い雰囲気作り程度に考えていただければと思います。

よくない部分をよく見せるのは難しいことです。それでも、意中の人が気づかなかったあなたのよいところに気づかせる程度の効果は期待できます。「あの人いいかも……」くらいに思わせたら、あとはあなたの努力次第!

クが、それらと異なるのは「出会ってすぐ」「限られた空間で」「わずかな時間で」効果を発揮するテクニック。人々の心理学に求める力は時代とともに変遷しているのだ。

適度な“タッチング”が相手との距離を一瞬で縮める

適度なスキンシップで、相手の心に「触れる」

ボディタッチなし
ボディタッチあり
はじめまして
はじめまして……♡
何で？
さよなら
わーい
大好き
好意度㊦
好意度㊤

ニヤニヤ
デレデレ

触れられて嬉しいのは
男女おんなじ！

セクハラじゃない心を開くタッチ

「なかなか気になる人との距離が縮まらなくて……」そんなあなたに、一瞬で親密になれる裏技を伝授します。それはずばり、相手の体に触ることです。

「そこまで親しくなってないのに触るなんてできない！　いやがられるに決まってる！」

本当にそうでしょうか？　もちろん、触っていいところといけないところがあるでしょう。また、イヤらしい触られ方をされたら気分も悪いでしょう。しかし、ここでいう〝触る〟とは、そういったセクシャルなものとは関係ありません。心理学用語で「タッチング」という、相手の心を開く行為です。

人間は触れ合った相手に気を許す傾向があります。わかりやすい例では、ドラマなどでもよく見られる、男性と**ホステス**（**①**）のやり取りです。ホステスの方々は客の男性の肩や腕、腿や腰などに、ごく自然なモーションで触っているでしょう。それに対して相手の男性がいやがったりすることもほぼありません。

「それは女性が男性を触るから許されるのであって、逆だったら**セクハラ**（**②**）になるのでは？」

①ホステス
元来は女主人や女将のことだが、日本では主にバーやキャバレークラブ（キャバクラ）における女性従業員を指す。欧米では、男性をもてなすための女性がいるバーやキャバクラは少なく、日本独自の文化に近い。

②セクハラ
性的ないやがらせを意味する、セクシャルハラスメントの略。意図的に悪意を持って行う場合もあるが、無意識のふるまいから異性を傷つけてしまう事例も多い。特に、男性本位の社会が長く続いた日本では、男性が当たり前と思って行う行為によって、結果として女

確かにそれは一理あります。**キャバクラ（③）**では男性客がホステスに触ることを禁止している場合も多いです。しかし、それはキャバクラという営業の形態から考えてみれば当然のことです。キャバクラは男性をもてなすお店なので、ホステスが男性を触って心を和ませるのです。お店では、〝女性が自分の体を触らせる〟というもてなしは行っていないので、禁止されているのです。

男だって女だって触れられると嬉しい

ここまで書いてみてもその効果を信じられない人は多いと思います。男性からしてみれば、セクハラだと訴えられたらたまったものじゃないので、なかなか勇気がいることでしょう。そのため、サンフランシスコ大学のコリン・シルバーソーン博士が行った、タッチングについてのある実験を紹介します。

実験は単純なものです。サクラの男性と、その男性との面識がない女性をひと組にして自由に会話をしてもらうのです。男性には何度かに分けて数人の女性と1対1で会話してもらいます。男性は会話の中で、ある女性のときはその人の体を触り、またある女性のときはまったく体に触れないようにします。

性の心を傷つけてしまう、という例がまだまだ多い。ちなみに、女性のほうが加害者となる場合を、日本では時に逆セクハラと呼ぶことがあるが、本来はどちらが加害者となろうとも、区別はない。

③キャバクラ
キャバレークラブの略。フランス語のキャバレーと英語のクラブを組み合わせた造語。常に女性従業員が客についてもてなす飲食店であり、性的なサービスはない。多くの場合、料金体系は時間制。1980年代に日本で生まれた営業形態。1990年代後半から2000年代にかけて、元ホストの輝咲翔（き

そうして、会話の後に女性にアンケートを取るのです。アンケートの内容は、男性に対して「デートしたいと思うか」「結婚したいと思うか」「性的魅力を感じるか」「身体的な魅力を感じるか」など。

その結果、体を触られた女性のほうが、前述の質問にイエスと答えていることがわかったのです。ただし、握手をしたり、腕などを触るといった程度のタッチングです。決してイヤらしいものではなく、触るという行為自体が心を開かせたのだと判断できます。

心配されていた男性諸兄、いかがでしょうか？　触られると心が開くというのは男性に限ったことではありません。女性にもいえることなのです。

ただし、それでもセクハラには注意してください。タッチングされる側が触られ慣れているかどうかによってもその感覚は異なります。アメリカの心理学者ディーン・C・バーンランドの研究によると、日本人男性は米国人男性に比べて、異性から触られた経験が少ないとのことです。

男性は自分が触られたときと、他の女性が触られたときの感覚が違うということを念頭に置いたほうがいいでしょう。逆に女性からしてみれば日本人男性はタッチングが効果的ということなのかもしれません。大胆な方法ですが、試してみる価値は大いにあるでしょう。

ざきしょう）が大規模なグループ展開に成功し、業界が大きく発展した。

告白に踏み切れないなら異性の友人に"おすすめ"してもらう

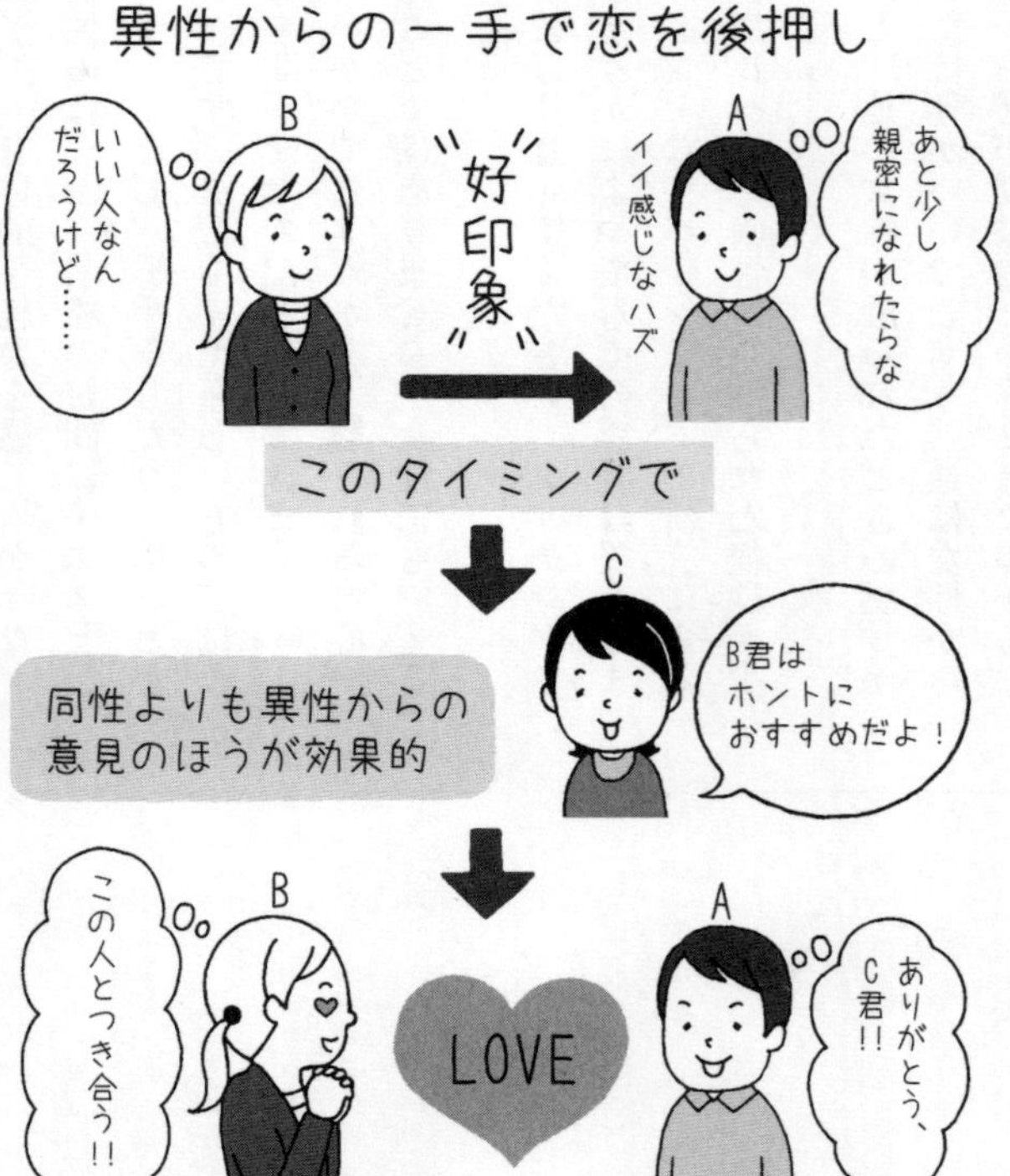
異性からの一手で恋を後押し
B
いい人なんだろうけど……
好印象
A
イイ感じなハズ
あと少し親密になれたらな
このタイミングで
C
同性よりも異性からの意見のほうが効果的
B君はホントにおすすめだよ！
B
この人とつき合う!!
LOVE
A
ありがとう、C君!!

タイミングを間違えて失う恋は避けよう！

いくら年を重ね、いくつもの出会いと別れを経験しても、恋に落ちるとき人は臆病になってしまいます。気になる異性が現れて、何度か話を交わしたりするうち、「もしかしたら脈があるかも」と思えるような親密な関係を築けたとします。そんなとき、あなたならどうしますか？

「思い立ったが吉日」と、すかさず積極的なアプローチに移るでしょうか？　それとも、急ぎ勇んで、せっかくの出会いを台無しにしてしまうのを恐れ、もう少し様子を見てみるでしょうか？　確かに、そのどちらも選ぶべき選択肢としては妥当な気がします。ただし同様に、どちらの選択肢も同じくらいのリスクも抱えています。

前者の場合、もしも相手があなたに対し好意を抱いていたとしても、あなたの思いを受け入れるだけの心の準備ができていない可能性があります。「この気持ちが恋なのか、単なる好意にすぎないのか」。相手の中ではっきりとした答えが出る前に、あなたのほうが答えを迫れば、相手は思わず「拒否」という答えを選ぶ可能性は充分にありますよね。

後者の場合も、やはりタイミングが問題となります。あまりに慎

---

①ソフト・マザー
あなたが女性で、まだ意中の相手と友達以上の関係を結べていない場合は、まず相手にとっての「ソフト・マザー」となることを目指しましょう。ソフト・マザーとは、その名のとおり、「柔らかな母親」のこと。猿の赤ん坊を対象とした実験で、母親猿の代わりに、ハリガネで作った人形の代理母（ハード・マザー）と、その上に柔らかい布をかぶせた代理母（ソフト・マザー）を用意し、子猿の反応を見ました。子猿が接触時間の多くを費やしたのは、圧倒的にソフト・マザーだったそうです。これはつまり、男性にとって居心地

重になり過ぎて、アプローチが遅れてしまっては、相手のほうが勝手に「脈なし」と判断してしまうかもしれません。「あの人が私に優しくしてくれるのは、恋愛感情じゃなくて、もともと誰にでも優しいいんだ」と思い込む誤解は、恋愛においてしばしば起こるすれ違いといえます。

自分の気持ちと相手の気持ち、その両方がうまくマッチングしたとき、恋は成就するわけですが、相手の心を読み取るのは簡単なことではありません。こんなとき相手と自分の間に、共通の友人が入れば、あるとっておきの方法を試すことができます。

共通の知人からのアシストで相手の気持ちを後押し

自分と相手の異性の間に、共通の知人がいる場合、その知人にお願いして、それとなく自分のよいところをアピールしてもらいましょう。「○○君て素敵だよね」といった程度の簡単な言葉でＯＫです。これだけで、あなたに好意を抱きつつも、果たしてつき合ってもいいものか悩んでいた相手もふんぎりがつくのです。「やっぱり私の考えは間違っていなかった」と。

これを心理学では「フィキシング・ソリューション効果」と呼び

がいいのは、「癒やし」を与えてくれる存在であることを示しています。男性は常に、心を癒やす安住の場所を求めているのです。あなたはそんな男性の弱さをただ受け入れるだけで大丈夫です。癒やしを与えることで、男性は自然とあなたの存在を求めるようになり、数いる女友達の中から「特別な存在」へとあなたを格上げしてくれるでしょう。そうなれば、恋人への道も近いといえるでしょう。ただし、残念ながらこれは男性相手専用のテクニック。逆に男性のほうが、女性の気を引くためには必ずしも有効ではありません。単に「頼りになる相談相手」

ます。日本語にすると「定着液効果」という言葉になりますね。定着液とは、写真を現像する際に使う液体のこと。写真の現像は、印画紙を現像液につけて画像を浮かびあがらせますが、それだけでは時間とともに画像はまた消えてしまいます。そこで使用されるのが定着液。印画紙を定着液につけることで、画像は時間の経過によって消え去ることなく、印画紙に定着するのです。

そう、人の思いは浮かんでは消える泡のようなはかなさをはらんでいます。せっかく抱いた恋心も、ちょっとした誤解、あるいは時の経過によって「脈がないみたい」「勘違いだったのかな」という思いとともに消え去ってしまうのです。そこで登場する定着液が、先ほどの「共通の友人からの後押しのひと言」です。

友人ということで、発言にある程度の信頼が置け、かつ相手のこともよく知っている。そんな人物に気になる異性のことを褒められたら、やはり人間としては判断に影響を受けてしまうものです。

心理学的には、このとき後押ししてもらう友人は異性であるほうがよいようです。あなたが男性の場合は、女性の友人に、あなたが女性の場合は、男性の友人にサポートをお願いしましょう。ちなみに、上記のような関係以前、友情に近いような好意しか抱いてもらえていない場合は、**「ソフト・マザー（①）」**を演ずるのも有効です。

のままで終わってしまう場合もありますので、あしからず。

「助けてほしい」と頼ると相手は自分のことを好きになる

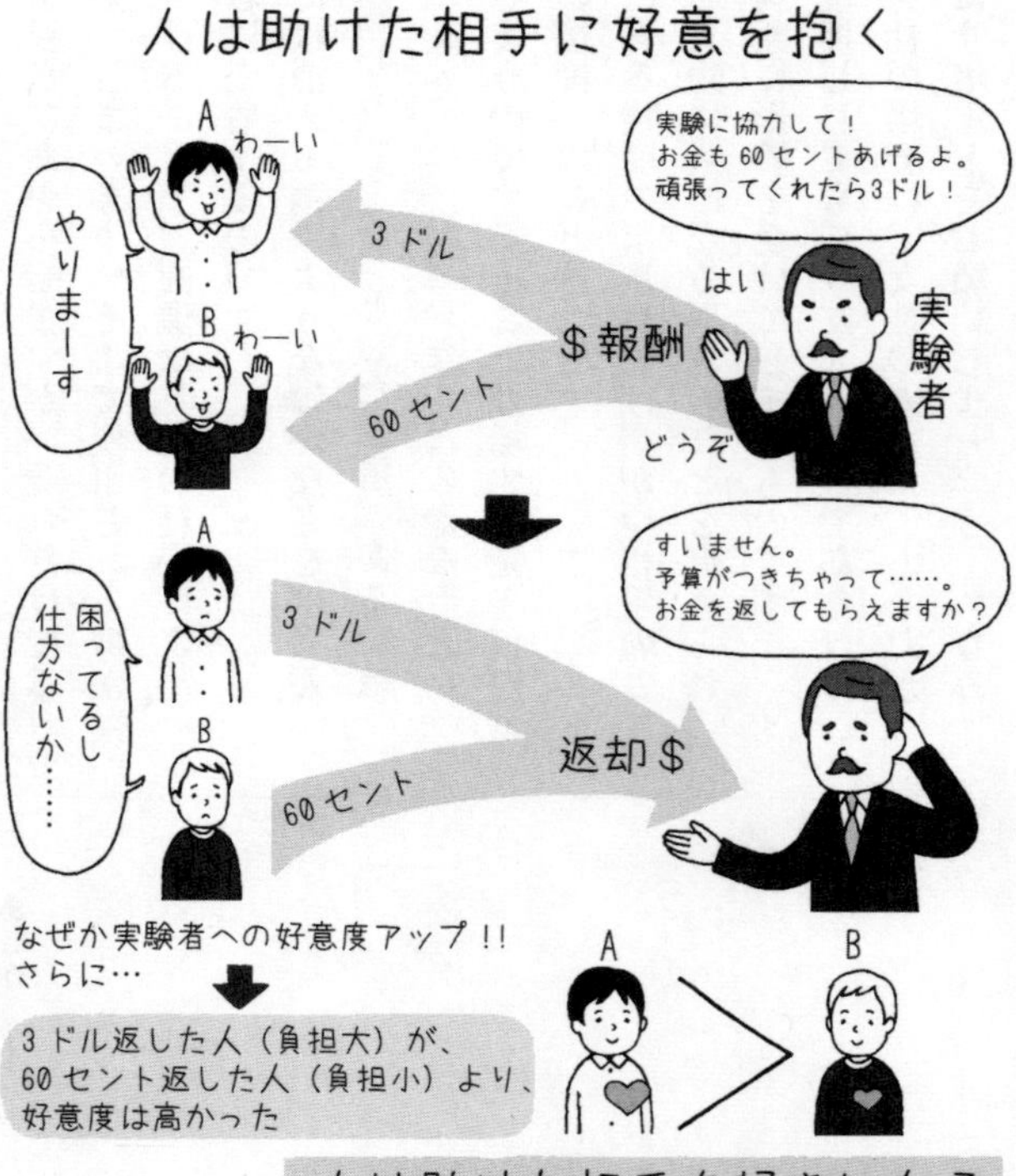
人は助けた相手に好意を抱く
実験に協力して！
お金も60セントあげるよ。
頑張ってくれたら3ドル！
A
わーい
やりまーす
3ドル
はい
B
わーい
$報酬
実験者
60セント
どうぞ
A
すいません。
予算がつきちゃって……。
お金を返してもらえますか？
困ってるし
仕方ないか……
3ドル
B
返却$
60セント
なぜか実験者への好意度アップ!!
さらに…
A
B
3ドル返した人（負担大）が、
60セント返した人（負担小）より、
好意度は高かった
人は助けた相手を好きになる

恩は着せるより受けるほうがよい。意外な好意のシステム

恋愛をスタートするに際し、時折誤解されている、ある方法があります。それは、「相手に恩に着せる」こと。

気になる異性が困っている場面に出くわせば、誰しも助けの手を差し伸べてしまうでしょう。それはもちろん、当たり前のこと。恋愛というよりも、人として当然取るべき行動です。問題はこれを「チャンス」と捉えるかどうかです。「助けてあげたのだから、きっと彼も私に好意を感じてくれるはず」。ここまでは単なる想像ですから、問題はありません。

ただしこの想像をエスカレートさせ、「自分は恩人」「借りを返してもらえる」などと、相手の弱みを握ったかのように感じると、落とし穴にはまります。助けられた相手は、あなたのことを「恩人」であると感謝する以上に、「いずれ借りを返さなければいけない相手」だと、重荷に感じてしまうかもしれないのです。

好きな人のトラブルを助けてあげる機会があったとしたら、それは仲よくなるきっかけ程度に考えておくほうが無難でしょう。それどころか、心理学的には恩に着せるより、恩を受けたほうが相手の好意を得やすい、ということすらわかっているのです。

---

①報酬
何らかの行為・労働に報いる形で与えられるご褒美のこと。人間や動物の脳には「報酬系」と呼ばれる部分があることがわかっている。報酬系は報酬を与えられ、欲求が満たされたときに活性化し、脳に「快」の感覚を与えることが知られている。報酬・欲求には食欲や性欲など、生物学的な次元のものから、自己実現のように高い次元のものまで、さまざまなバリエーションがある。人間が行動する動機づけには、この報酬系を刺激することが重要である。しかし、人間の脳は、報酬に慣れてしまう傾向があり、これまでの報酬では満

適度な負担が好意の源泉？　助けた人を好きになる法則

このにわかに信じがたいような事実は、以下のような実験から明らかにされました。

その実験は、「心理学の実験を行うから、協力してくれる人を募集します」という、お知らせから始まりました。集まった被験者には、本来の実験とはまったく関係のない課題が出され、それを解くことが求められます。また、被験者には課題に正解するたびに**報酬（①）**が与えられました。

実験の本番はここからです。与えられた課題にすべて回答したあと、被験者は実験の主催者から「予算が厳しくて、できればお金を返してほしい」と泣きつかれるのです。

多くの被験者は報酬を返却しましたが、その後、彼らの主催者への好意度を調べたところ、驚くべき結果が表れました。

報酬の返却は、主催者自身から申し出られるパターンと、第三者を通じて、間接的に申し出られるパターンの2種類がありました。被験者が高い好意を感じていたのは、圧倒的に主催者自身から返却を求められたケースだったのです。

さらに加えると、60セントの報酬を返却した者より、3ドルの報

足できなくなり、より高い報酬を求め続けるスパイラルに陥る可能性もある。ドラッグなどの依存症もこれにあたる。

酬を返却した被験者のほうが、高い好意を感じていたこともわかりました。被験者の負担が大きいほど、好意度は高かったのです。

この結果から、人は助けた相手を好きになってしまう、という事実が導き出されました。

これを恋愛に当てはめると、気になる相手には、何かをしてあげるより、何かをしてもらうほうが、好意を得られやすいということがわかります。男性の場合は、女性に頼られると悪い気がしませんし、女性の場合は甘えてくる男性に**母性本能（②）**をくすぐられる、ということがあります。うまくこれらの特徴がはまれば、効果はきっと倍増することでしょう。

もしもあなたが何らかのトラブルに遭遇したら、「好きな人に迷惑をかけてはいけない」と気を使うのではなく、思い切って「助けてほしい」と頼ってみてはいかがでしょう。相手は自分が頼られる存在であることに満足を感じ、あなたのことを「自分がいなければダメな存在」と大切に思ってくれるかもしれません。

ただ、あまりにも重いお願いはＮＧです。相手への負担が大き過ぎると、「厚かましい人だな」と思われて、結局不快感を与えるだけで終わってしまいます。相手の心をくすぐる、甘え上手を目指してください。

---

②母性本能
女性が生まれながらに持っている、母としての本能、子育て本能のことを一般的に呼ぶ言葉。人間だけでなく、哺乳類など生物一般に見られる。自分の命よりも、子どもの命を優先しようとする「自己犠牲」や、誰に教わることもなく自然と行い始める「子育て」などが、母性本能の表れといわれる。また、成人男性の幼児性などに好意を感じる場合も、「母性本能をくすぐられる」などと表現することがある。

男性には「励まし」の言葉、女性には「お願い」の言葉をかける

男女で異なる喜ぶフレーズ。女性に「励まし」は禁句

　心理学では、人間に共通する心理の働きを研究しますが、もちろんここには、個人の性格差が影響を及ぼし、一概に「○○すれば、人は心理的に○○な反応を示す」といい切れない部分があります。

　生まれた環境や国籍、文化などによっても、人々の心理的特徴には差が生まれます。男女の性差も同様ですね。男女の性差を考慮せずにふるまうと、思わぬことで、異性を心理的、精神的に傷つけてしまうことがあります。これは、特に女性の部下を持つ男性上司に多い傾向。部下を奮起させようとしてかけた言葉が、男性の場合には効果があっても、女性の場合は逆に意欲を削《そ》いでしまう。そんな事例があるのです。

　アメリカのインディアナ州ビンセンズ大学の心理学者チャールズ・マクマホンの行った調査で、「言葉」に対する男女の反応の違いが明らかになりました。調査では、対象となる被験者たちに対し、「励まし」の言葉をいかに求めているかを尋ねました。「求めている度合い」は80点満点で

評価されました。すると、調査結果には男女によって大きな差が生まれたのです。

具体的には、男性の場合、平均で80点満点中39・2点という結果が出た一方で、女性のほうでは33・2点と低い数字が現れたのです。つまり男性は「励まし」の言葉を求めているのに対し、女性はそうでもないということ。

青春ドラマのように「俺はお前を信じている！」などと活を入れた場合、男性は「よし！」と奮起するかもしれませんが、女性にはあまり効果がないのです。

では女性にはどのような言葉のかけ方が望ましいのでしょうか。心理療法家のダフニー・ローズ・キングマによると、正解は「お願い」です。女性に何かを頼むときは、たとえ上司だとしても、頭ごなしに「○○しろ」などと指示・命令しては、やる気を引き出すことはできません。何も部下に対し卑屈な態度をとる必要はありませんが、「○○をお願い」と、ひと言加えるだけで、女性の反応は大きく改善するでしょう。

アドバイス

相手が男性か女性かによって言葉のかけ方を変えましょう。

『ロミオとジュリエット』に学ぶ
マンネリ化した恋の燃え上がらせ方

ロミオとジュリエット効果
メラメラ
ガー
ガー
許さん!!
メラ
メラ
障害や反対が大きいほど、 恋は燃える
それは……
自分の相手は
自分で決めなくちゃ
ネ!
……という
自己効力欲求が働くため

「一緒にいたい」という自己効力欲求を刺激

恋愛戯曲の古典といえば、シェイクスピア作の、**『ロミオとジュリエット（①）』**が有名です。

この物語の悲劇的な結末が物語るように、どのような恋物語も、最初から順風満帆で、そのままハッピーエンドに向かってしまっては、見る者の心を揺さぶることはできません。

厳しい環境やライバル、突然の事件など、愛するふたりの恋を妨げるいくつもの障害が現れることで、物語は盛り上がるのです。

これはフィクションに限らず、自分が当事者として恋愛に参加する場合も同じ。多少の障害があったほうが、恋は盛り上がり、愛情も増すことが心理学的に証明されています。この効果は、その名もずばり、『ロミオとジュリエット効果』と呼ばれています。

どうして障害が、恋を鍛えることになるのでしょうか。それは、障害が恋人同士の〝自己効力欲求〟を刺激するからだと考えられています。自己効力欲求とは、自分のことは自分で決めたい、と考える欲求のこと。恋愛に当てはめると、「この人と一緒にいたい」と思う気持ちのことです。自己効力欲求は、否定・妨害されることで反発力（**心理的リアクタンス（②）**）を持ち始めることが知られて

---

①ロミオとジュリエット
いわずと知れたシェイクスピアの恋愛戯曲。主人公とヒロインが、最終的に死を選ぶ悲劇でもある。モンタギュー家とキャピュレット家、対立するふたつの家に生まれたロミオとジュリエット。図らずも出会ったふたりは、たちまち恋に落ちる。演劇作品としても、現在まで何度も再演された名作だが、『ウエスト・サイド物語』（61年）のように現代風にアレンジされた映画作品もある。

います。恋人同士を引き裂こうとする者が現れたり、何らかの障害が現れると、「一緒にいたい」と思う自己効力欲求がさらに強くなる、というわけです。

「手に入りにくさ」があなたの希少価値を高める

また、社会心理学者ステファン・ウォーチェルの実験も、この『ロミオとジュリエット効果』を補強しています。彼は被験者にクッキー入りの瓶を渡し、クッキーの味を評価してもらうという実験を行いました。このとき被験者には、クッキーが2枚入った瓶と、10枚入った瓶の2パターンが用意され、被験者はその中から1枚のみを食べることが許されました。ちなみに中身のクッキーはすべて同じものです。

この実験は「選択肢の多寡が、人の評価にどのような影響を与えるか」を調べる目的がありました。2枚入り瓶→選択肢少、10枚入り瓶→選択肢多、ということですね。

結果は、2枚入り瓶を渡された被験者のほうが、10枚入り瓶を渡された被験者よりも、クッキーの味をより高く評価したそうです。選択肢が少ないほうが、人は高い評価を与えるのです。

---

②心理的リアクタンス

行動の自由が脅かされたと感じるとき、人が感じる反発心のこと。子どものころのことを思い出していただきたい。母親に「勉強しなさい」といわれた際、「いまやろうと思ってたのに、やる気がなくなった」と、反発した記憶がないだろうか。これこそ心理的リアクタンスの発露といえる。これは、「自分の意思で勉強をする」という自由が、母の介入により脅かされたため起きた反発である。勉強をしないことで、脅かされた自由を回復しようとしている、と解釈できる。

2枚入りの瓶は10枚入り瓶よりもクッキーの数に余裕がない→希少価値高。ウォーチェルは被験者の意識をそのように解釈しました。「人は手に入りにくいものを高く評価する」という結論が、こうして導き出されたのです。

このお話を「ロミオとジュリエット効果」に当てはめてみましょう。恋に障害が現れることで、恋人たちは、互いのパートナーを手に入れることが難しくなります。すると、恋人たちは互いに、その恋を以前より高く評価してしまうのです。もしもあなたが、いまの恋にマンネリ化を感じているのなら、あえてその恋に障害を設けてみてはいかがでしょう?

「実家のお父さんが、あなたとの結婚を認めてくれなくて」と、ちょっとしたウソをついてもいいかもしれません。同棲生活を送っていたのなら、いったん離れて暮らし、あなたの希少価値を教えてあげてもいいでしょう。ただし、このとき、ふたりの間に立ちはだかる障害が、あまりに強固過ぎても逆効果です。本家の『ロミオとジュリエット』では、運命のいたずらに翻弄され、ロミオもジュリエットも、相手の思いなど露ほども知らないまま、互いに死を選んでしまいました。いかに相手への愛情が強くても、強過ぎる障害は恋を終わりへと導くのです。

想いは目で訴えるべし!!
見つめ続けると、愛情は深くなる

想いは「目」で伝えよう
ツーン
好き
じー
好き♡
感情を込めると、 相手を見つめる時間が長くなる
(キンブルとオルスゼウスキーの実験により)
つまり
うっ
じー
好き♡
グサッ
相手の目を見つめれば
感情が伝わる可能性高

目は口ほどにものをいう。瞳で伝えるメッセージ

百万の言葉を重ねるよりも、さらに深く他者に自分の想いを伝える方法があります。それは相手の目をじっと「見つめること」。「目は口ほどにものをいう」ということわざもあるとおり、瞳は人間の感情が最も現れる器官のひとつ、心の窓なのです。

視線への反応は男女によって多少異なる（①）のですが、学校で、あるいは職場で、ふと気がつくと目が合ってしまう異性に、いつの間にか恋心を抱いた経験はありませんか。これも視線が持つ「想いを届ける力」の一端を示しているといえるでしょう。

視線の力は心理学的観点からも説明することができます。ここでは、キンブルとオルスゼウスキーというふたりの博士の実験を紹介します。

ふたりは複数の被験者に、ある決まった**台本**（②）を読み上げてもらい、それをビデオカメラで撮影するという、簡単な実験を行いました。台本は3種類用意され、1本めの台本には、好意的なセリフが、2本めの台本には怒りを表すセリフが、3本めのセリフはどちらの感情にも属さない、中間的なセリフが書かれていました。

重要なのは、被験者が「感情を込めるよう指示されたグループ」「感

---

①視線への反応は男女によって多少異なる
目が頻繁に合う異性に対し、人は恋心を抱きやすい。ただし、これには男女によって差があるのも事実である。男性のほうは、女性からの視線を「好意」と感じ取りやすい傾向にあるが、一方の女性には、そういった傾向は低い。これを踏まえると、気になる男性がいる場合、女性は意図的に相手のことを「チラ見」することで、相手に自分のことを意識させることができる。逆に、好きでもない男性のほうを、頻繁にチラ見すると、相手の男性に勘違いされる可能性があるので要注意。

情を込めないよう指示されたグループ」に分けられていたということです。

実験結果は、どのパターンのセリフを読むかにかかわらず、感情を込めてセリフを読み上げたグループは、そうでないグループよりもビデオカメラを見つめる時間が長かったのです。これは、人間の本能にはじめから「感情を込めているときは（それが演技だとしても）、対象を凝視してしまう」性質が備わっているということです。第三者からの指示があったとしても、感情を込めようとしたとき、人は無意識に強い視線を相手に送ってしまう。逆にいえば、見つめられているほうはこれまでの経験から、「強い視線を受ける→強い感情がこもっている」と無意識に判断してしまう可能性があるということ。告白など自分の想いを真剣に伝えようと思うなら、しっかりと相手の瞳を見つめたほうがよい、ということですね。

視線が下向きのまま話すと「悲しいのかな」と誤解される

また視線を向ける位置も、恋愛では非常に大切であると、考えられています。これには、人の感情と、表情の関係が深くかかわっています。人の顔は、悲しみの感情を抱いているとき、視線を下に向

---

②台本
脚本とも。本文で使用されている本来の意味とは別に、心理学用語として使われる台本という言葉がある。人は生まれたときの家庭環境や教育により、その後の人生をまるで「台本に沿っているかのように」生きる。そこで心理学では、そのような人生の脚本を理解・修正し、その人の望む形の人生に再構築しようと試みることがある。これを「脚本分析」と呼ぶ。

けてしまう傾向があるそうです。

一方で、喜びなどのポジティブな感情を抱いているときは、視線は上を向きます。そのため好きな人と話すとき、視線が下向きになっていたら、せっかくあなたに好意を抱いていたとしても、相手は「自分と話していても楽しくないのかな」と誤解してしまいます。

恋心を抱いている相手の瞳を真正面から見つめるのは、ちょっぴりおっかないかもしれません。勇気を出して、瞳でメッセージを送ってみてください。

「瞳のメッセージ」をおすすめするのは、他にも理由があります。言葉との比較から考えてみましょう。言葉には、人間の感情・考えを「正確」に伝えるというメリットがありますが、恋愛というデリケートな問題に限り、その正確さが仇《あだ》となることもあるでしょう。

言葉にして想いを伝えてしまえば、もう後戻りはできません。大事に育てるべき恋なのに、焦って告白してしまい、成就しなかったという例は珍しくないのです。その分、目線で伝えるのはあいまいな情報だけ。想いの強さは伝えることができますが、だからといって振られることはありません。

まずは簡単な視線を送ることで、相手の気持ちを探るのもよいのではないでしょうか。

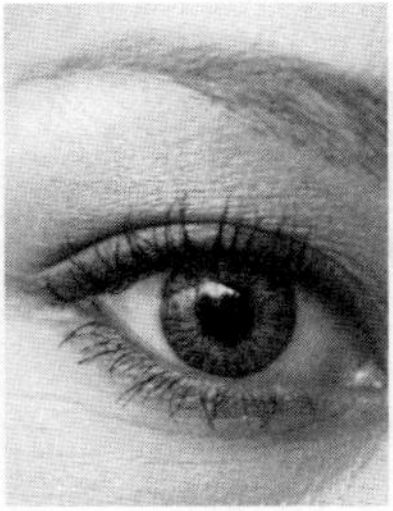

暗闇で過ごすだけで相手との親密度が上がる!?

暗い空間が、相手との垣根を取り除く

明るい場所にいる場合

一定の距離（1メートルほど）を取ってコミュニケーション

暗い場所の場合

接触行動が増加
性的興奮を感じやすくなる

暗がりには人をまとめる力がある

薄暗いオシャレなレストランで待ち合わせ、夜の公園をふたりで歩き、夜景スポットへドライブデート……。陽が落ちてからのデートは、どれもとってもロマンチックですね。気になる異性とふたりきり、昼間とは違う落ち着いた雰囲気にドキドキし、相手を求める気持ちも自然と強くなります。

それまであまり意識していなかったはずの異性でも、一緒にバーに行ったらよい雰囲気になってそのまま……、なんて話もよく聞きます。翌朝に後悔するのかしないのかはともかく、暗闇は、目の前の相手をより一層、愛おしく感じさせてしまう力があります。

でも、ちょっと待ってください。昼間のディズニーランドにいても遊園地にいても、相手を「好き」な気持ちの度合いは変わらないはずですよね。ではなぜ人は、太陽の下より暗闇のほうがより「雰囲気がある」と感じ、相手と密着したくなるのでしょう。

実は、暗闇には人を「まとめる」力があるといわれています。

暗闇に入ると、人は、自分のいる場所の広さがつかみにくくなり、自分の周囲しか見えなくなります。そういったある種の**閉塞感**(①)が、人に不安感や恐怖心を抱かせ、近くにいる人物に触れたい、頼

---

① **閉塞感**
閉じ塞がっている感じ。また、比喩的に、閉じ塞がったように先行きが見えない様。心理学的には、やり場のない不安感や恐怖心から抱く感情を指す。職場や人間関係などで、閉塞感や孤独感を継続的に抱えると、やがてストレスとなり、精神疾患を抱える要因になる。

りたいという衝動を起こさせるのです。

それを立証したおもしろいデータがあります。タフツ大学の社会心理学者**ケネス・ガーゲン博士**（②）が、見知らぬ男女6人ずつにそれぞれ明るい部屋と暗い部屋に入ってもらい、ふたつの部屋で彼らがどのような交流をしていくのかを実験しました。

結果は興味深いものでした。明るい部屋に入っていたグループは、それぞれに距離を置いて座り、自己紹介や当たり障りのない程度の会話しかしなかったのです。

一方、暗い部屋に入れられたグループは、はじめは明るい部屋のグループと同じように自己紹介などをしていましたが、会話もなくなって暗闇に不安を覚え出すころには、個人的な話を始めたり、異性同士で近づき、ボディタッチをしたり抱き合ったりし始めたそうです。

つまり、人は明るい場所では理性的になり、暗闇ではより本能的になるのです。気になる異性と暗闇で過ごしていると、知らず知らずのうちにドキドキ感が高まり、性的興奮を覚えやすいのもうなずけますね。

---

②ケネス・ガーゲン博士
アメリカの社会心理学者で、タフツ大学教授。1957年にイェール大学心理学部を卒業後、62年デューク大学心理学部で博士号を取得、ハーバード大学助教授などを経て、現職。かつては生粋の実験社会心理学者として、「社会的交換」や「自己」の研究に携わっていたが、次第に実験研究に批判的な立場へ移行。現在は社会構成主義の第一人者として数多くの論文や著作を発表している。

暗闇で表情が隠れると安心感と解放感が増える

恋愛における暗闇の心理的効果はそれだけではありません。私たちは、感情が人間の表情や姿勢、体の動き、声の調子などあらゆる行動面に影響を及ぼすことを体験で知っています。その中でも、目の動きや表情は、その人の内面をよりダイレクトに映し出します。そのため、日中は、知らず知らずのうちに相手の表情を読み解き、自分の表情が相手へ与える印象を意識しながら緊張状態にあるのです。特に相手が自分の好意を抱く人物であれば、「今、ちゃんと笑えていたかな」などといちいち気になってしまい、素直な感情表現ができにくくなってしまっていることがよくあります。

ところが、夜間は相手の表情が読みにくいと同時に、自分も相手の視線を意識しなくていいので解放感が生まれます。そうなると、過剰に意識する必要がなくなるので、より安定した精神状態で、異性との交流を行うことができるのです。また、暗闇が作り出す秘匿性により、自然と気持ちが無防備になることも知られています。落ち着いたレストランやバーの照明が暗いのは、実は人間のこういった心理を利用しているからです。キスから先がいま一歩進まないとお悩みのあなた、ぜひ相手を〝暗闇〟に誘ってみてくださいね。

偶然の一致を重ねると相手は自分を好きになる

「偶然」を思わせる会話で赤い糸を引き寄せる

はじめて出会った相手が、同じ出身地だったり、同じ趣味を持っていたりすると、その偶然の一致に嬉しくなり、会話が弾むことがあります。まわりから見れば些細なこと、それでも当人たちにとっては特別で、「もしかして運命の人？」と勝手に盛り上がったりします。

心理学でも立証されていることですが、人は、偶然の一致が重なると、相手に特別な感情を抱きやすい傾向があります。じつは、この心理テクニックを少し応用して使えば、意中の相手を恣意的に「運命の人」にすることもできるのです。

そこでキーワードとなるのが、心理学者**ユング**（①）が提唱した「シンクロニシティ」の原理。シンクロニシティとは、人が心の中で考えていることと、現実の場面が一致することをいいます。こんな場面を想像してください。気になる相手に、勇気を出して電話をかけたとします。電話に出た彼に「じつは俺もちょうど電話をしようと思っていた」といわれたらどうでしょう。

「私も〇〇！」で相手の気を引く

カレーが
大好物なんだよね
私も大好き！！
日本の未来が
心配で……
私も同じこと
考えてた！！
運命……？

偶然が重なると、
人は「運命」を感じる

お互いが同じタイミングで同じことを考えていたなんて、ちょっとドキッとしませんか？　これを、いろいろな場面で上手に使い、相手に自分を意識させましょう。赤い糸は、少しずつ距離を縮めていくはずです。

①ユング
スイスの心理学者・精神医学者。フルネームはカール・グスタフ・ユング。プロテスタントの牧師の家に生まれ、学生時代はゲーテやカントに傾倒。ドイツの精神学者、クラフト・エービングの著書に影響を受け、精神医学の道へ進む。バーゼル大学医学部卒業後、チューリヒ大学で言語連想法を研究。一時フロイトの精神分析に共鳴し、その発展に貢献したが、のちに独自の分析的心理学を確立。

別れ際の「楽しかったよ」で、いやな思い出も帳消しに！

伝えるタイミングで言葉の印象は大変化

たとえ同じ言葉でも、話す人やシチュエーションによって、聞く人に及ぼす影響は大きく変化します。

卒業式や、友人の結婚式などで、普段なら気にもしないようなありふれた言葉に、思わず涙を流した経験はありませんか？ また、現実にBGMはありませんが、映画やドラマでは音楽が場面の雰囲気を作るのに、キャストやセリフと同じくらい、大きな役割を担っていますね。

話し言葉に限らず、書き文字の場合も同様です。詩人の相田みつをさんの詩は、人間の深層に触れる言葉の数々に人を惹きつける力があります。ただ、相田さん自身による、独特で味のある筆字も魅力のひとつでしょう。

私たちには相田さんのような文字を書く力も、シチュエーションを自由に設定する力も、何もない所にBGMを流す能力もありません。そんな普通の人々も、ちょっと工夫するだけで、言葉の力を最大限に活用できる方法があります。

それは言葉を発するタイミングです。心理学には、親近効果と呼ばれる言葉があります。これは、「最後に述べられた言葉が、最も印象に残る」という人間の特性を述べた言葉です。

たとえば、ずっと好きだった男性に誘われた、はじめてのデートを想定してみましょう。誘ってもらったのだから、相手も自分に好意があるのは間違いありません。でも、緊張してうまくしゃべれず、距離を縮めることができなかったと感じたら？　相手の心証も気になります。

せっかく両思いなのに、向こうが「脈がないな」と感じたら、もう2度めはないかもしれません。

そんなときは、最後に一発逆転。別れ際に勇気を振り絞って「今日はすごく楽しかった」と伝えてみましょう。これだけで相手の心には、その日の失敗だらけのデートの記憶は忘れ去られます。記憶に残るのは、別れ際のあなたの満面の笑顔と「楽しかった思い出」だけとなるでしょう。

アドバイス

最後に伝えた言葉がいちばん強く印象に残るものです。

同じような趣味を持ちつつ性格が異なるふたりほど仲がいい

『類似性』と『相補性』の組み合わせがベスト

オレも！
ドライブ好きなの♡
好意
類似性
さらに
運転好き
助手席好き
map
相補性

類似性の中にも**相補性**のあるカップルが長続きする

理想とする異性のタイプは無意識の中にある

あなたに好きな人ができ、友人に好きになった人の話をして、「そういう人好きだよね」といわれたことはありませんか? 外見的な好みに限らず、明るい性格、優しい性格など、内面的にも過去の恋人に共通点は多いはず。

このように同じようなタイプを好きになるのは、あなたの中で形成された「理想とする異性のタイプ」が影響しています。異性と出会ったときに、あなたは無意識のうちに理想のタイプとその異性を照らし合わせ、選別を行っているのです。「顔は違うけど、声が似ている」「年齢は違うけど、性格が似ている」など、**深層心理（①）**に隠された理想のタイプが影響しています。

理想のタイプが生まれる理由として、心理学者ユングの概念「元型（アーキタイプ）」が考えられます。元型とは、人間の普遍的無意識の中にある潜在的イメージを指し、社会に適合するためにつける「仮面（ペルソナ）」や自己に潜む認めたくない人格やコンプレックスなどの「影（シャドー）」などがそれに当たります。

そして、好きになるタイプが似通うのには、相手と自分のバランスを気にする「**マッチング仮説（②）**」が働いています。経歴や地位、

---

①深層心理
自分では意識していない心の奥深くに隠れている思い＝無意識のこと。人間の思考のうち、自覚できている部分はおよそ1割程度といわれ、自覚できていない部分（無意識）が9割を占めている。深層心理が形成される要因は、幼少期や思春期における体験、近親者の死、犯罪など事件の当事者としての劇的な体験、失敗・失恋・負傷・疾病など。

②マッチング仮説
心理学者のバーシャイド教授らが提唱した考え方で、つり合い仮説ともいう。人は身体的魅力が自分自身に酷似した人＝自分とつり合

知識、愛情、ルックス、お金など、どこにポイントをおくかはそれぞれですが、相手と自分を比較し、つり合いがとれているかを気にするのです。自分よりも魅力がある相手には断られる可能性があり、逆に魅力のない相手では自分のプライドが許さない、という心理も働きます。あなたが告白される立場でも、自分のプライドが許さない相手とはつき合いませんよね。このように理想のタイプと自分とのつり合いを比較するうちに、自分に見合った相手＝似たタイプとつき合うことが多くなるのです。

自分になくて相手にあるもの。パートナーの中身を見極める

人が好意を抱くには「**類似性**（③）」が大きくかかわっています。たとえば、いまでは親しくしている相手でも、初対面のときは、どこに住んでいるか、どんなジャンルの音楽が好きなのか、いろいろ聞きながら、その相手との共通項を見つけようとするでしょう。

共通項を探っていくなかで、相手との類似性が見つかり、親近感を抱く……これを繰り返すことにより、親しい関係を築いていくことができます。また、似た者同士の場合、相手から同意を得られやすい、相手の行動が予測しやすいなど、無用なケンカやいさかいが

う人をパートナーに選ぶ傾向がある。憧れや偶像的な「好き」に関しては自分よりも優れている容姿を好むにもかかわらず、実際の関係を求めるには、自分を拒否されることを恐れ、最も魅力的な異性を選ばないことが多い。

③類似性
自分と似ている点。共通の趣味やファッションセンス、笑いのツボが似ているなど、似ている性質を持っていて、自分に似ていると感じた人ほど親密になりやすい傾向にある。

起こりにくく、良好な関係を築くことができます。

しかし、すべてが似ていればいいというわけではありません。アメリカの心理学者ウィンチ博士の調査によると、性格に違いのある夫婦は仲がよいという結果が出ています。どちらかが支配的でもう一方が服従的、あるいはどちらかが援助好きでもう一方が援助を求めたがるなど、「**相補性**（④）」のある組み合わせです。

たとえば音楽やスポーツなどの趣味や意見は似通ったものでありながら、片方は積極的に現場に足を運ぶタイプ、もう一方は自宅で楽しむタイプで自ら現場に行くことには消極的、というように類似性と相補性を兼ね備えていることが理想的です。この場合、現場に連れて行きたい（支配的）、ついて行く（服従的）という対照的な部分が生まれ、互いに補い合うことでバランスがとれ、うまくいくのです。だから、同じような趣味や意見を持っていても、相手と少し異なる部分があることが大事なのです。

カップルでお互いが運転好きという場合でたとえると、運転席は車にひとつしかありませんから、どちらも「運転したい」となると、それを奪い合うことになります。対して、カップルでお互いがドライブ好きという場合、どちらかが運転好きで、もう一方が助手席好きというように相補性があれば、ふたりの相性はよいでしょう。

---

④相補性
自分と違っている点。相手が自分に足りない、あるいは持っていない性質を持っていると、自分に足りない点を補うために無意識のうちに親しくなる傾向にある。ただし、初対面で相補性ばかりが目立つと、「私とは違うタイプだ」「考え方が違うかも」と思ってしまうことも。

相手と打ち解けたいなら 50センチの距離を保つべし

「つかず離れず」の気楽さが、心の距離も縮める

実験
BとCで
距離に差をつけて会話
A
B
50センチ
C
200センチ
B
好感
距離が近い相手Bのほうが好感度は高かった
それは
……?
近づく?
離れる?
50センチという距離は離れるか近づくかを選べる
||
緊張感がとれ、リラックスできるから

相手との距離が近いほど互いに好意を抱きやすくなる

距離感は対人関係においてとても重要な要素です。

心理学者のリン・カーン・ケーゲルは、ひとりの男性と2人の女性の3人で会話をしてもらい、距離感が相手に与える影響を実験しました。実験では、男性Aと、彼から50センチ離れたところに女性B、彼から200センチ離れたところに女性Cが立ち、3人で会話をしてもらいます。そして男性Aから見た女性BとCのそれぞれの好感度を調べたのです。

結果は50センチ離れたところにいる女性Bのほうが女性Cよりも好感度が高く、女性側からも、男性との距離が近いほど好感度が高くなるという結果が得られました。女性BとCの距離を変えて再度実験を行っても、同じ結果になりました。

このことからわかるように、気になる異性や仲よくなりたい人がいて、その相手ともっと打ち解けたい場合は、なるべく近い距離で接しましょう。距離の目安としては50センチくらいでしょうか。これは、相手が離れることも近づくことも選べる距離です。

そしてこのことは好きな人にも有効なデータですが、苦手な人に対しても使えます。

不快な距離と心地よい距離、距離感でわかる相手との親密度

最初はそれほど仲よくなかった相手でも、いっしょに過ごすうちにいつの間にかお互いの距離感が縮まっていたと思うことはありませんか。人はそれぞれ、**パーソナル・スペース（①）**というものを持っています。それは、コミュニケーションをとる相手との物理的な距離のことをいいます。簡単にいうと、心理的な縄張りのことで、他人が侵入してくると不快感や嫌悪感を覚える空間のことです。親密な関係の人とは近い距離で話ができるけど、初対面の人がいきなり近づいてきたらどうですか？　不快な気分になりますよね。それは、自分のパーソナル・スペースに侵入されたからです。しかし、逆に親しい相手や好意を寄せている相手であれば、容易に受け入れることができます。

パーソナル・スペースの広さは人によってさまざまです。そして相手との関係が親密なほどパーソナル・スペースは狭くなります。一般に、女性は男性よりも、欧米人は日本人よりも狭いとされていて、男女差や文化差以外にも、個人の性格や年齢、相手との関係によっても広さは変わります。たとえば、生理的に受けつけない人だと近づいてきたというだけでストレスを感じるでしょう。一方、気

---

①パーソナル・スペース
アメリカの文化人類学者エドワード・ホールは、相手との関係と距離感を以下の４つに分類している。45センチ以内は「密接距離」で、恋人・家族などごく親しい間柄に限られ、体に容易に触れることができる距離。45～120センチ以内は「個体距離」で、友人・知人など個人的に親しい間柄で、お互いが手を伸ばせば相手に届く範囲で、リラックスして会話ができる距離。120～350センチ以内は「社会距離」で、クラスメート・同僚など社会的交友関係で、会話はしても身体接触は起こり得ない距

になる異性が近づいてきたらストレスを感じないどころか、逆にドキドキしますよね。このように相手に応じて、その距離感を使い分けることもあります。

パーソナル・スペースは恋愛対象として認識してもらえているかいないかを確かめる目安にもなれば、この距離へ入ることができれば相手に好意を持ってもらえるという指標にもなります。

「親しい間柄でありながら、相手が自分のことをどう思っているのかもっと知りたい」。そんなときは、パーソナル・スペース45センチ以内に飛び込んでみるのもひとつの手です。それで相手がいやがらなければ、あなたに脈ありでしょう。気になる人がいたら、どこまで近づけるか試してみてください。

ただし、初対面の人やまだ親密な関係を築けていない人のパーソナル・スペースに入り込むのは厳禁です。相手に不快感を与えないためにも、あくまでお互いの自己開示がある程度進んでからにしましょう。たとえば、はじめてのデートでは距離を取りつつ相手と会話することを心がけ、2回め以降は真正面ではなく隣に座るなど、徐々に相手との距離をつめていくのです。

相手のパーソナル・スペースを的確に把握すること、意識して接することは、相手との人間関係を築いていくうえでも不可欠です。

離。350センチ以上は「公衆距離」で、社会的地位のある相手と公式な場で対面するときの距離で、講演者と聴衆のように、多人数を相手にやりとりするなど、個人的関係は成立しない距離。

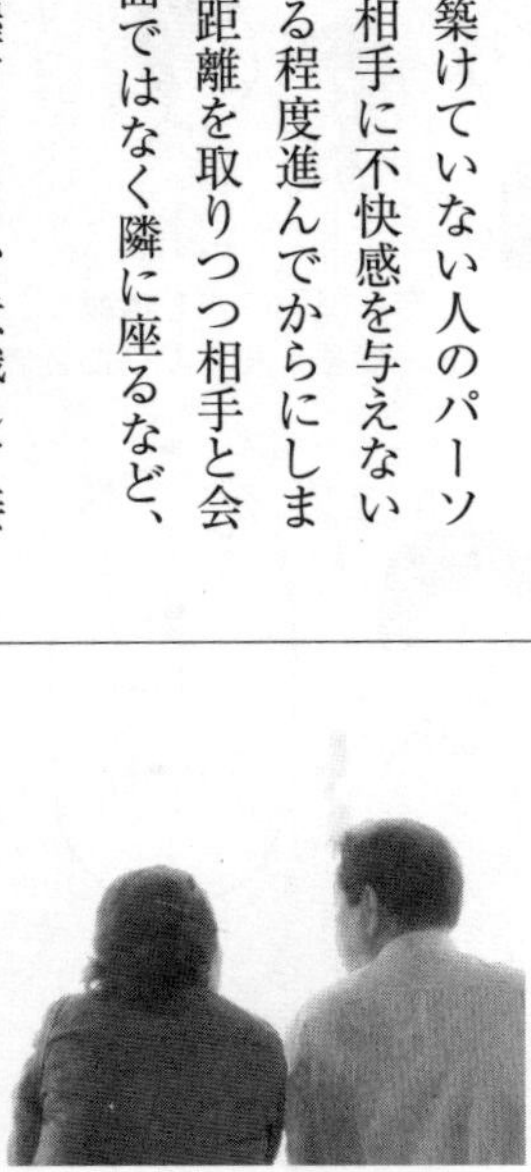

男性には肉体的浮気を隠し 女性には感情的浮気を隠せ

男は体、女は心の浮気を嫌う
男性の許せない浮気
恋人が別の人と
体の関係を持ったとき
女性の許せない浮気
ふたりだけの秘密だよ♡
ハイ♡
恋人が別の人を信頼し、
秘密を共有していたとき
浮気がばれたら？
セックスはしたけど、心は君のものだ！（ウソ）
一線は越えてないわ！（ウソ）
女性……体の関係を否定する
男性……精神的な愛を否定する
謝罪も忘れずに☆

浮気を許せる・許せない……その理論とは？

男女が肉体関係を持てば子どもが生まれる可能性はありますが、どんな男性であっても、この子どもが自分の遺伝子を受け継いだ子どもであることを確信することはできません。

アメリカには「ママのベイビー、パパのメイビー」という言葉があるように、これは男性の危うい立場を実に端的に表しています。自分のパートナーの女性が、一度でも他の男性と肉体関係を持てば、その男性の子どもを宿す可能性があり、自分の子孫を残せない可能性が出てきます。これが、男性がパートナーの女性の肉体的浮気を一度たりとも許せない深層の心理的理由です。自分の子どもか確かめるには**DNA鑑定**（①）で調べる方法もありますが、たとえDNA鑑定をしたとしても、男性は、子どもが生まれると必死に自分と似ているところを探そうとします。これは本能的なことだからです。

歴史的に見ても古くから男性は女性をモノとして扱ってきたことから、男性にとって女性は自分の所有物的な感覚が根づいています。つまり自分のモノは自分で支配したいのです。男性がたった一度でも女性の浮気が許せないのは、自分の大切なモノ・愛しいモノであるパートナーの女性が他の男性と関係を持っているということ

---

①DNA鑑定
DNAとは遺伝情報を構成する生体物質のこと。人間の体を形作る細胞すべてに存在し、親から子へ、子から孫へと受け継がれるさまざまな遺伝情報を持っている。鑑定は、犯罪捜査や、親子・血縁鑑定の個人識別の他、作物や家畜の品種鑑定にも応用される。個人識別の鑑定では、口内粘膜や数滴の血液から検査し、それが誰のDNAかを特定できる。DNAは必ず両親から2分の1ずつ受け継がれることから、父親から子どもへDNAが受け継がれているかどうか、特定の部位を複数箇所調べて鑑定できる。

に対して本能的に嫌悪感を抱いているからです。そして男性は競争社会の中で生きていることから、「自分の女が、自分以外の他の男を満足させる」というようなことは、絶対にあってはならないのです。逆に女性は、たとえパートナーの男性が浮気をしても、自分が産んだ子どもは自分の子どもだと100%確信することができます。だから、パートナーの男性が一度や二度の肉体的浮気をしても、「遊びなら」と許すことができるのです。

しかし、女性には別の問題もあります。もしパートナーの男性が他の女性に心を奪われたとき、夫婦生活のみならず、自分と子どもとの生活にも影響が生じる可能性が大いにあるからです。だから愛のない肉体的浮気なら許せても、他の女性を「精神的に愛してしまうこと」は、決して許すことができないのです。

嫉妬心には性差がある。男女で違う浮気の受け止め方

嫉妬心（②）の男女差について、ワシントン大学のR・ラーソン博士はある生理学的実験を行いました。自分の恋人が別の人と関係を持ったことを知ったとき、以下のどちらのシチュエーションに、より激しく動揺するか答えてもらったのです。「①あなたの恋人が

②嫉妬心
嫉妬という感情は、自分以外の誰か他の人の影響を受けて感じるもの。恋愛における嫉妬は、自分の愛する者の愛情が、他の人に向けられるのを恨み憎むこと。やきもち。

別の人に強く心を惹かれ、互いに信頼し、秘密を共有していること知ったとき」「②あなたの恋人が別の人と熱情的なセックスを楽しみ、さまざまな体位を試していることを知ったとき」。

結果、大多数の男性は②のケース、大多数の女性は①のケースで激しく動揺すると答えました。男性の場合は女性の肉体的な裏切り行為に強く反応し、女性の場合は逆で、男性の感情面での裏切り行為に強く反応することがわかったのです。

浮気がバレても、男性の場合、相手の女性を心から愛していないなら、女性の場合、相手の男性と肉体関係を持っていないなら、パートナーは許してくれる可能性が高いでしょう。

しかし、裏切り行為に対して抱く感情は、容認、理解、説得、懇願、傷心、諦念、絶望、嫌悪、軽蔑、無視、合理化……など、人によってさまざまです。相手に本気で夢中になっているのか、それとも火遊び程度の浮気なのか、浮気の理由によって対処の仕方も異なります。あなたのパートナーがもし浮気をした場合は、まず相手の浮気理由を知ること、逆にあなたが浮気をした場合は、なぜ自分が浮気をしたのかを知ることが、問題解決の第一歩となります。どちらの場合も、自分の感情や思考をベースに考えるのではなく、相手の感情や思考をベースに考えることが大切です。

自分から妥協することが問題解決への近道になる

一歩譲れば問題解決はグッと近くなる

ギャー
ギャー
あの子と手をつないだでしょ
それくらいいいじゃないか
いやよ
うるさいな
議論・話し合いは問題解決の確率㊥
譲れることは譲ってしまえばいい争いは終わる
妥協点
手をつなぐのも遊ぶのもいいけど
浮気しないで
譲れない点
わかった
終了

キャロリン・シャンツ博士によると
相手に譲れば解決率　77%

※ 反論　41%
話し合い　34%

自分にとって最優先はひとつだけ。あとは全部相手に譲る

「おもしろいっていっていたあの本、貸してよ」「今日は忙しいから、これ後回しにしてもいい？」など、日常生活の中で、あなたはこのような頼みごとをしたことはありませんか。また、されたことはありませんか。

私たちの日常生活の中で、交渉する機会・される機会は意外と多く存在しています。あなたの身のまわりにおける出来事を考えてみてください。ものを借りる、デートに誘う、お店で値切る、家事を頼む、子どもが駄々をこねる……など、じつにさまざまな交渉が存在しています。このように交渉は、企業で働く営業マンだけが行うものではないのです。

交渉とは、２人以上の当事者が特定の問題について議論し、互いに受け入れられる落としどころを探りながら問題解決を図る一連のプロセスのことです。お互いの意思や意向が一致すれば、とくに問題なく相手と取引を進めることができますが、お互いの求める結果や**優先順位**（①）が異なることもよくあります。その場合、どちらかが相手を力ずくで強制するか、関係を断つなどのことが考えられない限り、交渉に臨むしか手はありません。

---

①優先順位
取りかかるべき物事が複数ある場合、取りかかる順番を決めること。「段取りをつける」ともいう。優先順位のつけ方を間違うと、簡単なことが難しくなったり、できなくなることも。とくにビジネスのうえで優先順位を的確に判断できるかできないかで、成功のチャンスは変わる。

もめごとに終止符を打つには自分の妥協点を見つけること

交渉において「どうでもいいこと」はたくさんあります。そして、どうでもいいことにこだわっていると、問題解決に至らないことも多々あります。

議論も話し合いも長引けば長引くほど、「あれもダメ」「これもダメ」という主張ばかりが増え、お互いを受け入れられなくなる可能性が高まります。本末転倒にならないように、自分にとって「最優先すべきこと」は何なのかを、まず探りましょう。

たとえば医師にとっては患者の命を救うことが最優先ですし、裁判官にとっては法を遵守することが最優先です。人によって何が最優先なのかは違いますが、自分にとっての最優先をひとつ決めたら、あとの「どうでもいいこと」は全部相手に譲ってやるくらいの気持ちでいることが大切です。

アメリカのミシガン州にあるウェイン州立大学のキャロリン・シャンツ博士の調査によると、相手に譲ってあげると、言い争いの77パーセントが解決できるという結果でした。さらには、相手に反論することで言い争いが収まる確率は41パーセント、話し合いで解決できる確率は34パーセントという結果が出ています。データから見

---

②妥協点
対立していた者の一方、あるいは両者の折り合いのつくところ。または、互いに歩み寄って一致できるところ。どちらか一方が自分の意向を取り下げて、相手の意向を受け入れるという例が多く、妥協した者には時としてわだかまりが残ることもある。

③対人関係
社会や組織、個人的な場における、心理的・感情的な面を含めた人と人との関係のこと。人間関係ともいう。対人関係の基本的な側面は、協同か競争か、友好か対立か、上下か平等かといった三方向から考えられる。対人関

てわかるように、相手に譲ってあげたほうが何ごともいちばんうまくいくということです。だから、交渉ごとにおけるどうでもいいことでは、早々に負けを認めてしまったほうがいいでしょう。

「AもBもCも、すべてあなたに譲るよ。だけどDはダメ。Dだけはどうしても譲れない」。こうやって頭を下げれば、さすがに相手もイヤとはいえないでしょう。

このように**妥協点**（②）を見つけ、譲れるところは片っぱしから相手に譲ってしまい、自分にとっての最優先となるものだけを手に入れる、それが上手な交渉術といえます。

対人関係（③）においても同様。言い争いになったとき、解決法として最も成功するのは、自分から妥協してしまうことです。相手を責め立てるなんてもってのほか。交渉が難航してしまうだけです。あなたが欲しいものをひとつ決め、その点だけは絶対に譲らない、という態度で交渉に臨むのです。そうすれば、ほとんどの場合うまくいくでしょう。

もし、優先順位を決めずに交渉に出かけていくと、どんな基準で交渉すればいいかもわからず、時間と労力ばかりがかかってしまいます。自分が最優先すべきこと、そして妥協点は何なのかを自分自身が理解できていることが何よりも大切です。


係は、日常生活を送るうえでいちばん難しいことといわれ、けんかや争いなどトラブルがあるのも、さまざまな人が同じ社会で生活することで起こる摩擦が原因だと考えられる。対人関係を円滑にするには、当人の意識を変えることが重要なポイントとなる。

参考文献

『シロクマのことだけは考えるな！　人生が急にオモシロくなる心理術』
著／植木理恵（マガジンハウス）

『フシギなくらい見えてくる！　本当にわかる心理学』
著／植木理恵（日本実業出版社）

『図解でわかる　はじめての自己分析』
著／榎本博明（日本実業出版社）

『短期間で組織が変わる　行動科学マネジメント』
著／石田淳（ダイヤモンド社）

『ウソつきは成功のはじまり　他人をだますならまず自分をだませ』
著／内藤誼人（徳間書店）

『「心理戦」で絶対に負けない本　敵を見抜く・引き込む・操るテクニック』
著／伊東明、内藤誼人（アスペクト）

『男と女の心理戦術　オトコの本音が嘘みたいにわかる恋愛テクニック』
著／内藤誼人（廣済堂出版）

『表情分析入門　表情に隠された意味をさぐる』
著／P・エクマン、W・V・フリーセン
編訳／工藤力（誠信書房）

『FBI捜査官が教える「しぐさ」の心理学』
著／ジョー・ナヴァロ、マーヴィン・カーリンズ、
訳／西田美緒子（河出書房新社）

『イラスト図解版　相手のココロはしぐさで読める』
著／山辺徹（河出書房新社）

『危険な世の中を上手に渡る心理術』
著／内藤誼人（河出書房新社）

『「自分探し」の超・心理ゲーム』
著／齊藤勇（河出書房新社）

『会話分析への招待』
編／好井裕明、山田富秋、西阪仰（世界思想社）

『非言語行動の心理学　対人関係とコミュニケーション理解のために』
著／V・P・リッチモンド、J・C・マクロスキー
編訳／山下耕二（北大路書房）

『人の心は9割読める』
著／内藤誼人（あさ出版）

『図解雑学　見た目でわかる外見心理学』
著／齊藤勇（ナツメ社）

『図解雑学　社会心理学』
著／井上隆二、山下富美代（ナツメ社）

『図解雑学　恋愛心理学』
著／齊藤勇（ナツメ社）

『行動科学で人生を変える』
著／石田淳（フォレスト出版）

『おかあさん☆おとうさんのための行動科学』
著／石田淳（フォレスト出版）

『非言語的パフォーマンス　人間関係をつくる表情・しぐさ』
著／佐藤綾子（東信堂）

『心理学の新しいかたち第8巻　社会心理学の新しいかたち』
編著／竹村和久（誠信書房）

『恋の深層心理テスト』
編／G.B. ココロの研究会（宝島社）

『図解　一瞬で人を操る心理法則』
著／内藤誼人（PHP研究所）

『図解　すぐに使える！心理学』
著／渋谷昌三（PHP研究所）

『本当は怖い心理学　心理テスト・パワーアップ版』
監修／齊藤勇（イースト・プレス）

Book Staff

編集……………………… 坂尾昌昭、山田容子（株式会社 G.B.）
デザイン・DTP………… 森田千秋（G.B.Design House）、後藤修
イラスト………………… 秋葉あきこ、西脇けい子
撮影……………………… 宗野歩、倉持壮

監修者　植木理恵（うえき　りえ）
1975年生まれ。心理学者、臨床心理士。お茶の水女子大学卒。東京大学大学院教育学研究科修了後、文部科学省特別研究員として心理学の実証的研究を行う。日本教育心理学会において最難関の「城戸奨励賞」「優秀論文賞」を史上最年少で連続受賞し、現在、東京都の総合病院心療内科でカウンセリング、慶應義塾大学理工学部教職課程で講師を務める。著書に『「ぷち依存」生活のすすめ　いまの人生をもっと楽しく生きるための心理学』（共著／PHP研究所）、『人を見る目がない人　なぜ人は人を見誤るのか？』（講談社）、『シロクマのことだけは考えるな！ 人生が急にオモシロくなる心理術』（マガジンハウス）、『フシギなくらい見えてくる！ 本当にわかる心理学』（日本実業出版社）、『小学生が「うつ」で自殺している～臨床現場からの緊急報告～』（扶桑社新書）、『好かれる技術　心理学が教える2分の法則』（新潮文庫）など。

植木理恵のすぐに使える
行動心理学

2012年12月20日　第1刷発行
2023年10月19日　第16刷発行

監　修／植木理恵

発行人／蓮見清一
発行所／株式会社宝島社
〒102-8388　東京都千代田区一番町25番地
電話／営業　03-3234-4621
編集　03-3239-0928
https://tkj.jp
印刷・製本／株式会社広済堂ネクスト

ISBN978-4-8002-0435-6